先人たちに学ぶマネジメント

戦国武将から近現代の企業家まで

岩井善弘
齊藤　聡［著］

ミネルヴァ書房

はじめに

歴史を学ぶことは、未来を考えるうえで不可欠である。筆者がこの文章を書いている今、新型コロナウイルスが冬場を迎えてどうなるか戦々恐々としているが、新型コロナの対策を考えるにあたり、１００年前に起きたスペイン風邪の教訓が生きてくる。１００年前にはウイルス自体の存在は知られてはいなかったが、感染症対策としては現代に生きる我々が学ぶことが多い。

本著は、歴史上の偉人でリーダーであった先人の事績やマネジメントを学ぶことによって、読者の方々のお仕事の参考にしてもらいたいという想いから出版したものである。本著は二部構成となっている。

第一部は「近代の黎明期から発展期のリーダーに学ぶ」と題して、江戸、明治、大正、昭和、平成に活躍した14名のリーダーの事績を紹介している。この中で、今後社会での活躍がおおいに求められている女性のリーダーとして、吉本興業を生み、企業体に育てあげた吉本せい、そして女性実業家として活躍し、日本女子大学校設立という教育分野でも貢献した広岡浅子の2名の事績を掲載した。ほかにも日本経済の礎を築いた渋沢栄一やチキンラーメンの安藤百福、昭和・平成の日本経済を牽引したホンダやソニーのリーダー、ベンチャーの雄、浜松ホトニクスの創業者など多士済々の先達が登場する。

第二部は戦国・幕末期という激動の時代に活躍した8名のリーダーを取り上げた。その中には、歴史の波に呑まれ、自身の考えが貫徹できず、志半ばで時代から消えた石田三成や土方歳三という人物も含まれている。

本著で取り上げた22名の人物はそれぞれ生き方、事績は異なるものの、その時代時代で一石を投じ、世の中を変えた、いいかえるとイノベーションを起こした人物であったといえよう。

本著では先人の事績の後に、「まとめ」として、その先人から学んでいただきたいことをまとめている。こうした歴史上の先人の事績から、彼ら、彼女らが下した決断や思考などを学んでいただくことによって、読者の方々のお仕事に多少なりともお役に立てれば幸いである。

最後に本著を出版するにあたり、出版の貴重な機会を与えていただいたミネルヴァ書房と実際の編集作業で大変お世話になった桂樹社グループには、心から感謝の意を表したい。

令和2年10月吉日

産業能率大学　経営学部
学長補佐・教授　齊藤　聡
学長補佐・教授　岩井善弘

先人たちに学ぶマネジメント

——戦国武将から近現代の企業家まで——

目次

第I部 近代日本の黎明期から発展期のリーダーに学ぶ

第Ⅱ部 戦国・幕末の激動期のリーダーに学ぶ

第Ⅰ部

近代日本の黎明期から発展期のリーダーに学ぶ

渋沢栄一
と
五代友厚

日本経済の礎を築いた
明治の二大巨頭

渋沢栄一●しぶさわ えいいち　1840（天保11）～1931（昭和6）年
日本資本主義の父とも称される実業家。生涯に約500の企業、約600の社会公共事業の設立に関わった。銀行、ガス会社、保険会社、鉄道、大学、都市開発事業など、日本という国の土台をつくったといえる。社会福祉にも力を注ぎ、貧者のための医療機関兼教育機関「東京養育院」を設立・運営した。

五代友厚●ごだい ともあつ　1836（天保7）～1885（明治18）年
東の渋沢に並ぶ西の経済界の巨人。薩摩藩のエリートで明治新政府の官僚を務めた後、実業界に転じ、鉱山、印刷、鉄道、船舶、紡績などさまざまな事業の設立・運営に尽力する。明治になって経済が沈滞し活気を失った商都大阪を救うため大阪商工会議所を設立し、大阪経済の復興に貢献した。

渋沢栄一、幼少から賢く、幕臣になる

渋沢栄一は2024（令和6）年からの1万円札の肖像画に選ばれた人物である。一方、五代は明治期に落ちぶれた関西、特に大阪の経済復興に全身全霊を傾けた人物である。渋沢は、肖像画に採用が決まった2018（平成30）年に世の中で騒がれた後少し熱が下がったが、2021（令和3）年のNHK大河ドラマの主人公に決まったことで再び話題にのぼるだろう。五代友厚のほうは、2015（平成27）年のNHK朝の連続テレビ小説「あさが来た」に登場し、そこで名前を覚えた人が多かっただろう。筆者はこの2人を明治期の2大経済人と呼んでいる。

渋沢栄一は武州の血洗島（現在の埼玉県深谷市）に1840（天保11）年に生まれた。実家は藍の買付・加工、養蚕、米、麦、野菜を生産する豪農だった。渋沢は幼いときから賢い人物だったそうで、アイデアの才もあった。藍の買付農家に生まれた渋沢は子ども時代に、なんと買い付ける先の農家ごとに藍の格付けを行っているのだ。

青年期には尊王攘夷に傾倒していった時期がある。ある日渋沢が父の名代で代官のところに出かけていったとき、500両を村のために提供するようにと代官から要求される。この代官の不条理な要求が渋沢を怒らせた。封建制度の理不尽さに対する渋沢の怒りは収まらず、やがて物騒な計画を立てる。高崎城を占拠して武器を奪い、その後横浜で外国人を殺傷し、長州藩

と組んで討幕するというものだった。これは実現には至らなかったが、当時の渋沢は現代で考えたら相当な過激派である。

そうこうするうちに、徳川の御三卿である一橋家の家老、平岡円四郎から、渋沢は仕官の誘いを受けた。なぜ一橋家からだったかというと、一橋家には兵隊の数が少なく、人材不足であったかららしい。一橋家の家来になった渋沢は農兵集めで才能を発揮したほか、一橋家の財政改革にも存分に力をふるった。その改革とは、木綿生産を増やし販売代金を稼ぐこと、硝石の火薬工場建設などである。事業は成功し、渋沢は一橋家の改革に大きな貢献を果たしている。過激な尊王攘夷思想を持っていた渋沢だが、徳川慶喜に仕官したことによって幕臣となった。

欧州視察に随行、幕府崩壊後は銀行や会社づくり

1866（慶応2）年、27歳になった渋沢は徳川慶喜の弟である徳川昭武に随行しパリ万博を見学さらにヨーロッパ各国を視察し、西洋の経済・文化に触れて感銘を受けた。そのままパリに留学、ここでフランス人銀行家ポール・フリュリ＝エラールから株式会社制度、銀行制度について講義を受けている。この教えが後に渋沢を日本資本主義の父といわしめ、500以上にものぼる企業をつくることに大きく影響したことはいうまでもない。資本を集め、その資金で設備投資を行い、利益が出た場合は株主に配当するという株式会社の基本を、渋沢はパリで

欧州滞在時の若き渋沢栄一。（写真：渋沢史料館）

学んだ。やがて留学中の渋沢に日本から急遽帰国要請が届く。

1868（明治元）年、大政奉還によって徳川幕府が倒壊したので早く帰国せよとの新政府からの指示だった。フランスから帰国すると、徳川慶喜はすでに静岡に謹慎させられていた。渋沢も慶喜にしばらく付き従っていたが、その年の末に、慶喜より自分の道を歩めといわれ、慶喜のもとを去っている。

その後の渋沢の行動は精力的で素早かった。まず静岡に商法会所という株式会社制度を実践する施設を設けた。1869（明治2）年には大隈重信からの要請で大蔵省（現財務省）に租税正として入省する。租税正とは今でいえばかつての大蔵省の銀行局長とか主税局長というところか。ここで国立銀行設置条例作成に従事し、自ら第一国立銀行設立に一役買った。国立と頭についてはいるが、国がつくり保有する銀行ではなく、あくまでも民間資本による私立銀行である。第一銀行は現在のみずほ銀行の前身である。

1873（明治6）年、大隈と対立した渋沢は大蔵省を退官し、第一国立銀行頭取に就任することになった。1875（明治8）年には東京商法講習所を設立。これは現在の一橋大学の前身である。一時期東京商法講習所は、東京帝国大学に吸収合併されそうな場面があったが、渋沢が体を呈して反対し、吸収は実現しなかった。

渋沢はそのほか、東京瓦斯（ガス）、東京海上保険、田園都市、秩父セメント、帝国ホテル、京阪電軌鉄道、東京証券取引所、麒麟麦酒など、なんと500以上に及ぶ企業や団体を設立していく。

渋沢の偉業は国の土台をつくったこと

渋沢が行った重要な事業の例を見ていこう。

まず第1が国産煉瓦の製造である。煉瓦は文明の象徴である。欧米のような近代都市づくりを目指した渋沢の狙いは的を得ていた。渋沢は、埼玉県深谷市近郊の上敷免（じょうしきめん）という煉瓦の材料となる土がとれる場所を煉瓦工場用地に選んだ。煉瓦の製造は、日本の湿度の高さや上敷免の近くの川の度重なる氾濫などによって、はかばかしくなかった。それでも懸命な自助努力の結果、煉瓦製造に成功し、輸送は専用鉄道を敷いて行うことになった。その資金は社債による調達で、社債は第一国立銀行が買い取った。やがて日本の近代化に煉瓦が大量に使用され、煉瓦事業は成功をみた。

第2が銀行の設立だ。彼は「合本主義」という考えを提唱した。「合本主義」とは「公益を追

壮年期の渋沢栄一。（写真：渋沢栄一資料館）

求するという使命や目的を達成するのに、最も適した人材と資金を集め、事業を推進する」ことを意味する。つまり広く不特定多数の人々から資金を集め、投資していくという考えであり、現在の株式会社である。明治時代という、日本が近代資本主義を標榜する経済社会をつくり上げていくには、株式会社制度、銀行制度は欠かせないシステムである。銀行の名称にナンバーがつく銀行がいまだに散見されるが、渋沢が設立した時代の名残である。渋沢の銀行づくりには、幕臣時代のネットワークを活かした場合もある。新潟の第六十九銀行設立がその例だ。岸宇吉という元幕臣に渋沢は「銀行を設立しなさい」と諭し、これが実現したのである。銀行設立後、煉瓦製造のケース同様に、岸は日本石油を設立、信越本線となる鉄道を敷設する。その資金供給は銀行が行うという流れである。

第3が都市開発だ。1918（大正7）年に渋沢は「田園都市」という株式会社を設立、宅地分譲事業を始めた。現在の田園調布である。関東大震災は1923（大正12）年に生じたが、東京の下町の市民が震災をきっかけに田園調布のような郊外に移り住んだ。五島慶太率いる東京急行電鉄が渋谷・横浜間に敷設されると、沿線が賑わい、東京の郊外が拓けていったのである。

第4が東京商工会議所の設立である（筆者の指導する産業能率大のゼミでは2018年度、2019年度の2年間にわたり、東京商工会議所からテーマを指定してもらい、ゼミ生が取り組んだ。その過程で、筆者も東京商工会議所の設立の経緯などを学ばせてもらった）。

東京商工会議所は1878（明治11）年に日本初の商法会議所として設立された。設立当時、政府は、民間の商工業者の協力なくして産業の発展はないとして、商工業者を代表する組織の設置を希望していた。一方、民間の商工業者は、政府や外国と対応、協調しながら、産業を健全に成長発展させるには、自らの考えを反映できる代表機関が必要であると考えていた。双方の願望は一致した。また、明治政府は江戸時代に諸外国と締結した不平等条約の改正に腐心していたが、パークス英国大使から「日本には世論というものはない。意見集約はなされていない」と馬鹿にされるような状況であり、商工会議所は民間商工業者の意見集約の場としての機能も期待されたのである。そこで政府から毎年1000円の補助金を受けて東京商法会議所（現在の東京商工会議所）が設立されたのである。東京商工会議所の設立に触発される形で、以降、大阪、兵庫、横浜、福岡、長崎、熊本などに商工会議所が設立されていく。

第5に協調会という団体について触れておきたい。原敬内閣（1918～21年）の時代に、徳川家達を会長、渋沢栄一、清浦奎吾（きようらけいご）などを副会長として発足した団体である。日本は第一次世界大戦後、労働運動が活発化し、米騒動なども起きていたため、労使協調路線を基本にした政策提言、研究・教育活動を行うべく、1919（大正8）年に設立された。戦後GHQにより解散させられるまで、活動を継続した。

ちなみに、この協調会の教育部門として産業能率研究所という「能率」を研究・教育する機関が1922（大正11）年に設置され、その所長にフレデリック・テーラーの「科学的管理法」をわが国に紹介した上野陽一が就任した。同研究所は1925（大正14）年に独立し、日本産業能率研究所と名称を変えることになる。この研究所が産業能率大学の前身である。

さて渋沢栄一は東京商工会議所の初代会頭に就任する。渋沢は、商工会議所の存在は、それまで身分的に尊重されてこなかった商業者の地位向上に資すると考えたようである。

渋沢の名著『論語と算盤』が伝えること

1916（大正2）年、渋沢栄一は有名な『論語と算盤（そろばん）』という著書を著した。同書から渋沢の経済観について、東京都北区王子の渋沢資料館の井上潤館長から聞いた話を紹介しよう。井上館長は、『論語と算盤』の中から、渋沢栄一の説く「処世術」の部分を選び、以下の2つの教訓を紹介してくれた。

1つ目に、渋沢は、「道理の伴う富の追求（正当な利益）」つまり「国富の源泉を、社会の基本的な道徳を基盤とした正しい素性の富」と言っている。こうでないと国富は完全に永続できるものではなく、論語と算盤という、かけ離れたものを一致させることが急務だという。この考えは、渋沢の主張する「道徳経済合一」、つまり生産殖利と仁義道徳は同時に進むべきであり、義の良い稼ぎはよいことであるという考えにつながる。

こんなエピソードがある。

渋沢が経済界で活躍を始めた当時、岩崎弥太郎が海運会社を開業し、こつこつと三菱財閥の礎を築きつつあった。その岩崎が渋沢を食事に誘った。岩崎が言う。「あなた（渋沢）と自分（岩崎）が組めば、素晴らしい大事業ができ、国を富ませることができる。我々が独占的にやろうではないか」と。

このなりふりかまわぬ岩崎のやり方に渋沢は反対、協力を断った。渋沢の考えは、多くの人から資金を協力的に集め、事業に投資していくというものである。事業の独占を主張する岩崎弥太郎の考えとは真っ向から対立するからだ。

2つ目として、渋沢に「道理は国家への献身（公益第一）」という文言がある。この主旨は、個人の豊かさは国家の豊かさにつながる、個人が豊かになろうと思わずにして、どうして国が豊かになるか。国を富まし、自分の地位や名誉がほしいから人は日々努力する、ということだ。これは至極もっともな教訓である。今の日本を考えるとどうだろうか。日本は今後も富み続けることができるのだろうか。人間は努力すれば必ず恵まれる、という機会を平等に享受できるような世の中であろうか。新自由主義という弱肉強食の行き過ぎた経済社会を今見直すことが重要ではないだろうか。

東京養育院にみる渋沢の社会貢献

江戸時代、江戸の人口は100万人を超えていた。しかし戊辰戦争により江戸の町は荒廃し、明治初期の東京の人口は半減、なおかつその半分以上が貧困者だったという。

こうした東京における生活困窮者、孤児、障碍者（障害者）の人たちのための保護施設が東京養育院である（創立は明治5年、現在の東京都健康長寿医療センター）。その運営に渋沢は奔走した。これは社会貢献事業である。

そもそも渋沢が社会福祉事業に関わったのは、元幕臣の大久保一翁東京府知事から七分積金の運用を任されたことに端を発している。この七分積金が東京養育院の運営資金だった。七分積金とは寛政の改革を断行した老中・松平定信が制定した制度である。渋沢は終生、松平定信を尊敬していたという。江戸時代、町内会の貧困者向けには「七分積金」という積立金が積み立てられていたが、その額に相当する量の米などの穀物をいざ災害や飢饉がきたときのために備蓄していたのだ。つまり今の言葉でいえば、貧困者向けのセーフティネットを設けていたのである。

江戸時代から幕府が貧困者向けの積立金を困窮救済システムとして構築していたことを知る

と、日本が江戸時代、外国の人から「日本は清潔で、国民は礼儀正しい国」と褒められていたことも加えて、筆者は、小石川養生所のような無料の医療機関や七分積金などの福祉制度も当時の日本は世界に先んじて意外と進んでいたのではないか、と思う。

東京養育院は1879（明治12）年、幕府時代の七分積金による運営から東京府の税金で運営される方式に代わるが、それでも運営は困難を極めたようだ。「貴重な税金を、惰民のために使うなどけしからぬ」というのが養育院廃止派の主張だった。惰民、つまり貧困者は怠け者であるから養育院などがあるとそこにしがみついてろくなことはないという見方である。

旧東京市養育院にあった渋沢栄一像。（写真：東京都板橋区HP）

結局、東京養育院が東京府の税金で運営されるのは1884（明治17）年をもって終了してしまったため、渋沢は以降の養育院の運営資金調達を財界人のところを回って集めて歩いた。また富裕層から価値ある品物を提供してもらい、日本第一号となるチャリティーバザーを開催して、資金集めの一助としている。

養育院の果たした役目は以下の3つである。

第1が医療機関としての機能だ。渋沢は近代的な診療設備を導入し、貧困者や病人の治療にあたらせた。渋沢が関与するまでの施設は、病人、貧困者、老人、孤児が100人以上、1人1畳ばかりのところにひしめき合っており、おそらく衛生状態も大変悪かったに違いない。そこから考えると大きな進歩である。

第2が学問所としての機能だ。満足に教育を受けられない孤児のため教育施設を設けた。人づくりはゆくゆくその国の繁栄につながる。

第3が職業訓練機関としての機能である。これは松平定信が江戸時代に設けた人足寄場(よせば)がアイデアのもとになっている。人足寄場ではすでに職業訓練が行われていた。渋沢も松平定信の政策をみならって、貧しい人、病気の人が社会復帰できるように、職業訓練をできるように配慮したのだ。

その後、貧しい人々を救うための救護法が1929(昭和4)年に公布された。しかし救護法はなかなか機能しなかった。ときは世界恐慌の真っ只中であり、法律はつくったが実際は機能していなかった。ある日社会奉仕活動家から何とか同法を実施するようにしてほしいと渋沢は強い要請を受けた。そこで病をおして大蔵大臣に適正な予算措置をとってくれるように懇願し、渋沢の亡くなった翌年の1932(昭和7)年に見事同法は実施された。これが渋沢の最後の社会貢献となった。なお東京養育院の運営のほか、渋沢は聖路加病院や理化学研究所といった医療機関や研究機関の設立にも大きな貢献を果たしている。

実業家である渋沢は大変合理的な考えをする人間だった。つまり国が貧しくて貧民が街にあふれるような国は、経済の発展は決して望めない。渋沢はこうした人々を世の中からなくすことによって、日本の経済の成長を目指したのである。

五代友厚、島津藩のエリート武士が経済政策

明治時代、東の実業人の代表が渋沢栄一だとすると、西の実業人代表は五代友厚であろう。五代は1836（天保7）年、薩摩生まれ。幼少を才助といった。父の秀堯は上級武士であり、儒学、仏教にも通じ、町奉行を務めるエリートであった。秀堯は君主の島津斉彬から命じられ、外国から輸入した世界地図の模写を作ることになった。そこで息子の才助に模写するように命じたところ2枚作り、1枚を島津公に、もう1枚は自室に飾ったという。1846（弘化3）年、10歳で藩校に入学した。当時には珍しく外国語も学んだそうだ。今でこそ外国語を学ぶことは当たり前になっているが、170年前の日本人が外国語を学ぶことは珍しかった。

五代友厚。（写真：国立国会図書館）

五代は1857（安政4）年初めて長崎

に行き、幕府海軍の伝習所の生徒として学んでいる。薩摩藩から抜擢された者だけが許される遊学であった。ここで航海術、オランダ語、そして英語も学んだそうだ。

1865(慶応元)年、薩摩藩の命により、薩摩藩遣英使節団の一員として英国、欧州を歴訪した。英国では鉄工所を見学し、木綿紡績機械や小銃、短銃、洋書などを購入している。ベルギーの貴族コント・デカントン・ド・モンブランがいろいろと欧州内を案内してくれ、そこで、蒸気機関車工場、製鉄所、製紙工場、大砲の工場、砂糖工場、ビール工場、ガラス工場などの先端産業を見た。そしてモンブラン卿との間で商社設立の条約締結を行っている。この締結は島津家の全権大使、五代ほか薩摩藩主、モンブラン卿とで、ベルギー政府の高官による証人のもとで実施された。

具体的な条約の中身は、薩摩藩領内の貴金属の鉱山の開山、機械、武器工場の建設、綿、茶、蝋、などの製造装置の設置、欧州の産物の輸入などである。

もう一つ五代の貴重な体験は、1867(慶応3)年のパリ万国博覧会への出展話に関わったことである。しかも薩摩藩単独での出展にこだわり、単独での万博出展を見事に成就させている。薩摩藩が単独出展することによって薩摩藩の国際社会へのプレゼンスが上がるだろうと考えたに違いない。

五代の英語力と経済センスは比類ないものだったといわれており、現代に生を受けていたら、当時より何倍、いや何十倍、何百倍もの活躍の場が与えられていたはずである。

明治政府の官僚から実業家の道へ

さて話は明治になる。五代は１８６８（明治元）年、新政府の外国官権判事兼大阪府権判事に就任した。その後会計官判事として五代は横浜に赴くが、すぐに退官、大阪に戻った。まず五代が手掛けたことは、造幣寮（現造幣局）の設置であった。造幣寮がなぜ大阪に建てられることになったのかだが、最終的に東京に決まった首都の場所が、当初は大阪になるのではないかという見方があったからである。五代は英国造幣機械の導入と造幣事業に尽力した。

造幣寮の設置に貢献した五代は、とうとう実業界への進出を決める。今でいう上流家庭の武士出身の五代が、武士から官吏の道を捨て実業家としての道を選択すること自体、大きな決断であったであろう。

五代が手掛けた事業が金銀分析所の設立である。明治政府は江戸時代の金座、銀座、銭座を接収し、江戸時代と同じ方法で貨幣を製造し続けた。また新政府は不換紙幣(金銀との交換不可)を発行したが、信用がないため価値が低かった。貨幣そのものの品位も江戸時代から明治初期を通じてばらばらであり、通貨の信用を確立するため明治政府は１８６８年に貨幣改鋳を決めた。このとき、官吏・五代が政府から命じられたことが前述の造幣局開設のための諸準備だった。こうした造幣寮開設での経験から、五代は古い金銀貨幣を分析し、その材料を地金に代えて新しい貨幣材料として造幣局に納入するという事業を行った。この事業は成功を収めた。

金銀分析所開業に続いて、五代は長崎時代の知り合いで、長崎で活版製造をしていた本木昌三という人物とその弟子たちの活版印刷事業を後押しした。

五代は出版事業も行っている。『和訳英辞書』の発刊と『大阪府日報』を発刊。『大阪府日報』の事業は今一つであったが、『和訳英辞書』は売れに売れたらしい。

鉱山事業の開業は五代を語るうえで欠かせない事業である。1871（明治3）年には奈良県の天和銅山を買収した。そしてその10年後には製銅会社である大阪製銅を設立した。大阪製銅設立に際しては、三井、鴻池、住友といった財閥の支援を受けている。なお西南戦争の頃に大阪製銅は経営危機に陥っている。五代は鉱山事業を安定させるため、天和銅山に次いで滋賀県の蓬谷（よもぎたに）銀鉛鉱山、福島県の半田銀山、鹿児島の羽鳥金山を手に入れている。そしてこうした鉱山の経営のために弘成館という運営組織をつくっている。この組織は管理部門と現業部門とからなっており、当時としては近代的な組織であった。また不完全ながらも簿記も使われていたことから、五代のビジネス感覚の優れた面を垣間見ることができる。

鉄道事業も五代が力を入れた事業の一つだ。東京馬車鉄道が一例である。1880（明治13）年に同社は会社発起し開業、発起人の代表になったのが五代である。募集した株は三日間ではけた。ちなみにこの鉄道会社は二路線に分かれていて、一路線は新橋から浅草広小路に至る路線、もう一方の路線は日本橋本町から大伝馬町、蔵前通を経て浅草広小路に出る路線だった。このほかに神戸桟橋という会社の株主総代にも五代が就任した。同社は外国との交易が活発化するにつれて、その経営は潤った。

ほかに五代が設立にかかわった企業や団体は、商船三井、住友金属工業などがある。

経済インフラとして大阪商法会議所や大阪株式取引所を開設

大阪取引所の五代友厚の銅像。（写真：photolibrary）

大阪は商都である。ご存知のように大阪の堂島には江戸時代、日本の各地から米が集荷され、米相場は大阪で決まっていた。また江戸時代からすでに堂島では米の先物取引（デリバティブ取引）が行われていた。しかし、明治時代になってからその活況は一変した。経済都市としての大阪は一気に元気を失ってしまったのだ。

そこで五代は大阪経済の復権を

目指し、経済インフラの整備を行う。ここでのキーワードが「商社合力」である。事業を行ううえで広く資金を集める、株式会社によるビジネスモデルである。渋沢もフランスで株式会社のことを学び、日本に導入したが、五代も同様のことを考えていたのである。皆で力を合わせて大阪経済の復興を目指そうという意味から、大阪商法会議所（現在の大阪商工会議所）が五代ほか10名の財界人が発起人となることによって設立された。

なお主だった発起人は五代のほかに、三井元之助、鴻池善右衛門、広瀬宰平がいる。初代会頭には五代が就任した。

大阪商業講習所も1880（明治13）年、五代たちによって設立された。現在の大阪市立大学の前身である。設立話を五代に持ちかけたのは福沢諭吉門下の加藤政之助という人物であった。大阪商業講習所は、商業学校なので簿記、算術、経済という経済・商業系授業に加えて、実際に模擬の企業や官庁を想定した実践授業も行われた。野村徳七（野村證券創業者）や鳥井信治郎（サントリー創業者）は大阪商業学校時代の卒業生である。

大阪北浜にいくと五代友厚の銅像が、白亜の円筒形のビル、大阪取引所の前に立っている。大阪株式取引所が発展した企業が現在の株式会社大阪取引所である。江戸時代の大阪にはさまざまな藩の蔵屋敷があり、大阪で米取引が行われていたことはすでに述べたとおりである。大阪株式取引所はその堂島の米取引所をベースに設立されたものである。五代は発起人の一人になっている。

このように五代は株式会社方式による企業経営とそのための株式の売買、そして人材育成のための基盤整備も行った。

明治の経済人、渋沢栄一と五代友厚の偉業を述べてきた。出自は農家と武家と異なる。また経済・産業の立ち上げ者である渋沢栄一と事業家・実業家の五代とでは生き方も違う。しかし両者とも図らずも大都市の経済発展に大きな貢献をした人物である。さらに五代は政治にも大きく関わり、北海道開拓使官有物払い下げ事件にも関わっていたし、主要政治家に声をかけて新政府の体制を固めるため、また西南戦争のときには国内政治混乱を打開するため、歴史に名高い「大阪会議」を開催している（五代邸が会議の準備会談に何度も使われた）。いわば政商である。政商ということは岩崎弥太郎的な特徴も持っている。彼らが生きた時代は激動期そのものであり、そういう時代にこそ必要とされた偉人であったといえよう。

渋沢栄一は92歳まで生きたが、五代はわずか50歳で糖尿病により亡くなっている。五代がもう少し長く生きていればどういうことをほかに成しえたであろうか、興味は尽きない。

まとめ

●渋沢も五代も明治の混乱期に疲弊した日本を国家というスケールで考え、行動したが、コロナ禍のような100年に一度の危機に襲われている時代においても、大局観のあるリーダーが各界に必要である。
●国の経済的繁栄なくして、福祉事業は成り立たない。両者はお互いに支えあって成立するものだからだ。
●渋沢も五代も、言い方は違っても、多くの資本に支えられた企業運営が思想のベースになっており、決して独占資本を目指してはいない。これは現在の資本主義の基本的な考え方に通じるものである。
●利益追求に行きすぎた企業活動は大問題である。倫理観に欠ける企業活動は、いつかは破綻する。近江商人がいう「三方よし（売り手よし、買い手よし、世間よし）」の精神が重要なのである。
●渋沢も五代も欧州を視察し、グローバルな視点があったからこそ、明治初期に新たな経済システムを築くことができた。現代はかつてないほどグローバル感覚が要求される時代であり、ビジネスマンはグローバル感覚を身につけるべきである。

小林一三

大胆な構想力で娯楽産業から鉄道まで
すべて成功させたスーパー経営者

小林一三●こばやし　いちぞう　1873（明治6）～1957（昭和32）年
阪急電鉄をはじめとする阪急東宝グループの創業者。宝塚歌劇団の生みの親としても知られる。鉄道沿線に住宅、流通産業（阪急デパート）、娯楽産業（宝塚）を誘致して、一体的に開発することで、私鉄経営を安定させるビジネスモデルをつくりあげた。顧客第一主義に徹し、奇抜と思われる発想も、お客を楽しませ、喜ばせることが目的であった。

小林一三と阪急電鉄の誕生

小林一三という人物をご存じだろうか。小林一三をご存じない方も松岡修造はご存知であろう。松岡修造はいわずと知れた元テニスプレイヤーで、現在タレントとして活躍している。小林一三はその松岡修造の曽祖父なのである。

小林一三はとてつもない大物であり、豪放磊落な人物であった。残した偉業も多岐にわたる。その大物ぶりは追ってみていくことにして、生い立ちからみてみよう。

小林は1873（明治6）年、山梨県巨摩郡（現在の韮崎市）に生まれた。小林が誕生して1年もたたないうちに母が亡くなり、ほどなく父とも生き別れたため、叔父夫婦のもとで養育されることになる。幼くして両親を失った小林は、他人にはなるべく依存しない、自分でできることは極力自分で解決するという自主自立の精神を、ごく自然に身につけたに違いない。

1888（明治21）年、上京し、慶應義塾に入学した。このとき小林はわずか15歳である。慶應義塾に入学した小林は、小説家を志した。17歳のとき、自身の小説を山梨日日新聞に「練し痕」というタイトルで連載している。1892（明治25）年慶応義塾を卒業すると、翌年慶應義塾の紹介で三井銀行（現在の三井住友銀行）に入行する。なぜ小説家志望の小林が、お堅い職業である銀行員に就いたのか定かではないが、小林にとって銀行という職場は窮屈であったろうと察する。それでも三井銀行の行員だった1894（明治27）年に、日清戦争に必要な軍資金を広島まで輸送するという重要な業務も遂行している。最後は東京支店の調査課主任にまでなった。

若かりし頃の小林は粋人だったそうで、さぞかし女性にもてただろう。当時芸者をしていたお幸という女性と出会い、一目惚れするが、当時は今のように簡単に交際することがかなわず、小林はお幸と別れるために、三井銀行大阪支店から他支店への転勤を希望する。希望が通り小林は名古屋支店に転勤になるが、離れれば離れるほど会いたくなるのが人情であろう。小林は名古屋から大阪へお幸に会いに頻繁に通いつめ、とうとう1901（明治34）年に二人は結婚することになった。

小林一三。（写真：阪急文化財団）

結婚より前の1894年、小林はその後の自分の運命を決定づける人物に出会っている。三井銀行の先輩の岩下清周である。

岩下はその後三井銀行を退職し、北浜銀行という銀行を設立している。北浜とは大阪の北浜で、証券会社などの金融機関が集中する関西きっての金融シティであり、東京で言えば日本橋の兜町といった感じだろう。この岩下が、小林に「北浜銀行の子会社の証券会社設立の準備を手伝わないか」と声をかけた。1907（明治40）年のことである。

小林はその話に乗った。しかし、日露戦争後のバブル経済崩壊の影響を受け不況が到来したため、その話は頓挫してしまった。その代わりに岩下が小林に提案した代案が阪鶴鉄道（現在のJR福知山線）という鉄道会社の監査役の職だった。小林一三34歳のときのことである。

その後、小林は阪鶴鉄道が敷設しようとしていた箕面有馬電気軌道鉄道創立発起人となり、すぐ同社の専務取締役に就任する。その箕面有馬電気軌道鉄道が阪神急行電鉄（現在の阪急電鉄）という社名に変わったのは1918（大正7）年のことだ。

そして1927（昭和2）年、小林は54歳で阪神急行電鉄の社長に就任している。

なお阪急電鉄は、今では関西で「高級」な路線とよくいわれる。阪急電鉄の路線は現在、京都線、神戸線、宝塚線、今津線、伊丹線、甲陽線、千里線と多岐にわたっている。なかでも神戸線は、関西きっての超高級住宅地である芦屋を通っており、芦屋は谷崎潤一郎の不朽の名作「細雪」の舞台になったところである。1910年には箕面有馬電気軌道の梅田（大阪）と宝塚間に現在の阪急宝塚線が開通する。そして1936（昭和11）年には梅田と三宮を結ぶ阪急神戸線が開通する。

阪急沿線の宝塚に着目し、一大娯楽施設に

皆さんは宝塚に行ったことはおありだろうか。筆者は1981（昭和56）年から1985（昭和60）年までの新入社員の4年余り、勤務先の企業が所有する宝塚市内の寮に住んでいた。この頃は宝塚歌劇が今と変わらず大人気で、例えば大地真央や遙くららといった大スターが活躍しており、宝塚大劇場の前には、出待ちをする多くの女性が列をなしていたことをいまだに記憶している。また当時は宝塚ファミリーランドという遊園地もあったが、残念ながら今は廃止されている。

小林一三は今では当たり前になった沿線開発の手段として、宝塚歌劇（娯楽）、阪急百貨店（衣と食）、住宅分譲（住）の、衣・食・住・遊という人間の生活には欠かせないメニューをセットにして市民に提供した。

現在の宝塚は高級市街地で、「タカラジェンヌ」が街を行き交うおしゃれな街となっているが、約100年前の宝塚は寒村であった。その寒村に小林は着目した。小林はその著書「宝塚散筆」の中で、宝塚に関して以下のように語っている。

「今でこそ大衆娯楽の理想郷としてその名を知られている宝塚であるが、当時は見る影もない寂しい寒村のひとつにすぎなかった」「そして宝塚という名称は、以前は温泉の名であって、

宝塚少女歌劇団の第１回公演「ドンブラコ」。（写真：宝塚歌劇団）

しかもその温泉はすこぶる原始的な貧弱きわまるものであった」そうだ。

当時宝塚は温泉が出たので、小林は１９１１（明治44）年に、「宝塚新温泉」と銘打ってレジャー施設を開業した。しかしこの事業は失敗する。しかしここで諦めるような小林ではない。プールの水槽と見物人の席を客席にし、脱衣所の場所を舞台に改装して興業公演を実施した。当初その事業がうまくいかないのではないかと危ぶんだ人も少なからずいたが、ふたを開けてみたところ大成功に終わった。

１９１３（大正2）年には宝塚唱歌隊が結成され、１９１９（大正8）年には宝塚少女歌劇団と宝塚音楽学校が生まれた。１９４０（昭和15）年に宝塚少女歌劇団は宝塚歌劇団へ、１９４６（昭和21）年、宝塚音楽歌劇学校は宝

宝塚大劇場と阪急電車。（写真：宝塚市国際観光協会）

塚音楽学校へと発展していく。

女性だけの歌劇は世界を見渡しても宝塚歌劇だけだそうである。なぜ女性だけの歌劇団を結成したのだろうか。小林の言葉が残っている。

「女が工夫して演じる男役は、女から見たら実物以上の惚れ惚れするような男が演ぜられるわけだ。歌舞伎の女形も男から見ると一番良い女である」

この小林一三の逆転の発想こそが、日本を代表するエンターテインメントを成功に導いたのだ。宝塚に一大エンターテインメント施設が誕生したことが、阪急電車への女性の乗客増加を促進しただろうことは想像に難くない。

日本初のターミナルデパート、阪急百貨店の開業

現在、駅ナカビジネスという言葉がよく使われるようになった。駅という交通の結節点を単なる鉄道同士のつなぎ目に終わらせず、消費者にさまざまな利便性を提供し、お金を使ってもらえるような付加価値をつけることが、駅ナカビジネスの発想の原点だろう。小林は古くからこの発想に気づいていたようである。

小林一三の著書『私の行き方』(PHP文庫)を読むと、小林が梅田に百貨店を開業するに至ったその考え方が述べられている。

「従来のデパートは、お客様を集めるために自動車で送り迎えをして、非常にお金を使っている。お客様はその当時一番入るところで8万人ほど。しかし我々阪急では1日12万人から13万人の乗降客がいる。そこへもってきて百貨店を拵えれば、黙っておってもお客様は来てくださる」

つまり言わんとするところは、わざわざ無料送迎サービスの自動車のためのお金を出してお客を集めなくても、日々の梅田の乗降客はその倍もいるのだから、お客様はその利便性によっ

昭和27～28年頃の阪急百貨店。（写真：阪急阪神百貨店）

て必ずや駅前で買い物をしてくれるに違いないということであろう。1920（大正9）年日本初のターミナルデパート阪急百貨店の計画が立ち上がった。ただし、いかにアイデアマンの小林といえども、百貨店経営はずぶの素人だったので、阪急百貨店の1階には白木屋（現在の東急百貨店）を誘致し、顧客の消費行動や百貨店経営のイロハを学んだそうである。

阪急百貨店は地上8階、地下2階という壮大なビルの中に1929（昭和4）年開業した。当時鉄道会社が百貨店を経営することなどありえない発想であったが、小林は一見奇抜とも思える前述のような考えで踏み切ったのだ。

小林が百貨店の客に対して、いかに親身になってホスピタリティ精神をもって臨んでいたか、いかにお客を第一優先としてとらえていたかがわかるエピソードがある。

それまでの百貨店は、会社の役員は建物の最上層におり、お客用の食堂は中層階にあるというのが一般的であった。しかし小林は「お客様の上に会社の人間がいるとは何事か」と言って、役員室を中層階に、お客用食堂は最上階に移動させたという。

それだけではない。小林がお客と長期的な関係を築く、今でいえばリレーションシップマネジメントを築こうとした意図がよくわかる言動がある。不況時のエピソードである。

不況のため、お客の懐具合はよくなかった。カツレツやカレーライスといった高い値段のメニューを注文することができない。しかしどうしても阪急百貨店の食堂で食事をしたいというお客がおり、来店する場合があった。せっかく来店してくれたのだからということで、小林は赤字覚悟で、「ソーライス」（ソースライスの略）を提供しようとした。おかずはキャベツだけでそこにソースをかけて食べるというメニューである。お客たちはキャベツにソースをかけただけの定食でもうまいと言った。役員たちはこのメニューに猛反対したが、小林は言い返す。

「キャベツライスを食べに来てくれるお客様は、今はたしかに金銭的に困っている方々かもしれないが、今日のことを絶対お客様は覚えていてくれる、こういうお客様が将来来店してくれれば、それが阪急百貨店の繁栄に繋がるだろうし、絶対に来店くださるだろう」

この小林の言葉と行動こそ、目先の利益を追求するのは二の次で、最も重要なのはお客様との長期的な関係を築いていかねばならないという、日本的経営の貴重さを象徴するものだと思う。

大阪の市民に手ごろな住宅を分割払いで供給

小林の手掛けた3つめの事業は住宅事業である。宅地分譲・販売により、鉄道会社の乗降客は増加し、また住民が増えることで地価が上昇し、資産価値も高まる。さらに利便性を増すために流通施設や娯楽施設もつくっていく。

住宅事業を始める前に、小林は事前に梅田・池田間の予定線を視察している。そのとき池田周辺の牧歌的な風景を見て、「こんないい場所があるのに、なぜこの辺りに人が住まないのか」と疑問に思ったそうだ。しかし問題は、当時は住宅ローンという制度がなかったため個人に資金がないことだ。今考えれば不思議かもしれないが当時はそんな制度はなく、住宅は富裕層しか所有できないものだった。小林自身、三井銀行勤務時代は借家住まいだったそうだ。

当時の大阪は「東洋のマンチェスター」と呼ばれ、東洋を代表する一大工業地帯だったが、一方で公害が著しい地域でもあった。人々はこうした公害のひどい地域に住むのを避け、池田のような空気のきれいな郊外に住みたいと望む。だが望んでみても、住宅購入資金がなかった。

そこで小林は住宅の割賦販売をアイデアとして思いつく。今でいえば住宅ローンのはしりである。

当時の住宅割賦販売の一例を紹介しよう。土地区画面積100坪、建物延べ床面積20坪、販売価格2500円、頭金500円、割賦期間10年というものだ。販売価格2500円は現在の貨幣価値に換算すると750万円くらいらしい。市民でも無理なく購入できる金額といえる。

当時は郊外では石油ランプの生活がふつうで電灯などなかった時代だが、小林は電気を引き、電灯というインフラストラクチャーも用意した。池田の分譲住宅は瞬く間に完売し、その後豊中や桜井などでも住宅分譲を行い、住宅事業を拡大していくことになる。衣・食・住・遊という人間生活に欠かせないメニューの中で、住という大金を必要とするメニューの提供を可能にした小林の発想力には目を見張るしかない。

小林の広く市民に住宅を普及させるという発想は、フォードの大衆車、T型フォードを想起させる。フォードは、まだ米国に自動車が普及していなかった1908年当時、画一的なデザインのT型フォードを早く大量に製造し、市民の間にどんどん自動車を普及させていった。小林の住宅供給も似た想いではなかっただろうか。現に小林は自著の中で、フォードを例に引いて、共鳴している。

ここまで、小林の奇抜とも思える発想からの偉業をみてきた。

蛇足だが小林は、渋沢栄一が1918（大正7）年に設立した田園都市株式会社（田園調布の開発で有名）の経営を無報酬で休日を利用して手伝っていたらしい。田園調布株式会社は、その後目黒蒲田電鉄、東京横浜電鉄へと発展していくが、この考えを踏襲し、東急電鉄の創業者・五島慶太も沿線開発、レジャーランド建設、百貨店経営という小林の手法を利用して鉄道会社の経営を行っていくことになる。また西武鉄道の総帥・堤康次郎にも影響を与えた。

小林一三の経営哲学とは何か

小林は阪急電鉄、宝塚歌劇、阪急百貨店のほか、東宝、宝塚ホテル、六甲山ホテル、第一ホテル、梅田コマ・スタジアムなどを経営する。また太平洋戦争前には近衛内閣の商工大臣に就任、戦後も幣原内閣で国務大臣に任命された。

こうした偉業を支えたものは何だったのだろう。小林の経営に対する考え方はどういう思想の影響を受けたものか、また彼自身はどういう理念を有していたのか。

小林は自著の中で米国元大統領のハーバート・フーバーの言葉に共鳴している。それを要約すると次のようなことになる。

事業の真の目的は、人類の幸福をもたらすことにある。利益をあげるのは目的ではなく、あくまでも事業の結果である。近代商業の精神は、奉仕の精神を組織的に発揮することで、事業家は自己の事業の実ならずそれに関係する事業の発展にも注意を向けること。事業を発展させる場合の手順は、第一に十分な調査、第二にシュレーション実施のための方法の検討、スピーディな完遂という段階を踏まねばならない。事業の遂行の要は人材と組織であり、個々の人材の個性を活かし、それを組織的に有機的に結びつけていくことが重要である。人間は常に若い気持ちと挑戦心を持ち続けること。以上である。

またフーバーは、無駄を省くことに注意を向けたおかげで事業に大成功したと小林は褒めたたえている。

小林のビジネスの根幹にあるのは、顧客本位ということだ。小林がお客というとき、それは顧客を指している。顧客というのは客と違い、カスタマーという。客はゲストだ。カスタマーはカスタム、つまり習慣からきている。何度も何度も来店してくれるお客様のことを顧客というのである。前述した阪急百貨店のケースをみれば、顧客とどのようにいい関係を築き、それを長期に維持していくかが彼の考えの基本にあるとわかる。

実際、小林の著述の中に「いきかう人間の動きをよく観察して、あー、だいたいいくらくらいの収入になるな、と考える」とある。面白いのは小林がもともと小説家志望だったことが顧客本位につながっているという点だ。大衆小説作家は、大衆に受けることを常に意識しなければならないからだ。今でこそ顧客本位の経営といわれるが、小林はこれを忠実に守った経営人である。

みなぎる大構想を生む発想力の持ち主で、それを実際に活かす実行力をも持ち合わせていた小林一三。ちょっとした発想は万人にできるだろうが、大構想の発想力は万人に与えられた才能ではないと思う。また仮にいい発想をしたとしても実行できなければ単なる絵に描いた餅になってしまう。事業の成功は発想と実行力の両輪が稼働してこそ成り立つ。

名経営者は、どんな業種になろうとその企業を成功に導く能力を持ち合わせているということだ。小林の場合も鉄道、百貨店、住宅分譲、宝塚歌劇や映画などのレジャー施設、さらには職業野球球団と、異分野の事業を経営し、次々に成功に導いている。経営者の中にはある1つの分野に精通し、それを極めていくタイプと、小林のように異種の分野でもうまく経営していくタイプとがある。これからは社会、世の中の情勢は目まぐるしく変わっていくだろう。これからの経営者に求められるは、この業種は門外漢だとか、この分野は素人だからというのではなく、業種の如何を問わず、小林のような発想力とどんな業種であれ積極果敢に経営に取り組んでいけるような能力なのだ。

参考文献
小林一三『私の行き方』（ＰＨＰ文庫）ＰＨＰ研究所、２００６年

まとめ

- 少々遊び心を持った人間のほうが、他人が思いもつかない発想をするものだ。学問に長けた真面目な人から発出されたアイデアには大きな穴はないが、奇抜で斬新的な着眼点に欠けることが往々にしてある。要は発想には遊び心を加え、従来の常識を覆すことが重要である。
- ビジネスというものは、「自分はその分野の素人だから無理である」ということは当てはまらない。素人であろうがなかろうが、顧客第一主義の発想、目先の利益より長期的な顧客との関係重視、世の中にない便利なことを優先的に考える、これらを軸に提案していけば、ビジネスは分野を問わず成功に近づくことができる。
- 小林一三は、宝塚歌劇団の設立や住宅の割賦販売などを行うことによって阪急線沿線の住民を増やすという、付加価値の新規創造に成功した。現在の日本企業を省みると、その多くが付加価値を新規創造することに低迷しているようにみえる。小林の足跡を学ぶことによって、無から付加価値を生むとはどういうことかを学ぶことができよう。
- 小林のように、新たなビジネスモデルで新たな市場を開拓するという「構築的革新」を、今後の日本企業がいかにできるかによって、日本経済の発展の行く末は大きく変わってくるだろう。

吉本せい

「お笑い帝国」を築いた
女興行師のビジネス感覚

吉本せい●よしもと せい　1889（明治22）～1950（昭和25）年
吉本興業（現・吉本興業ホールディングス）の創業者。落語家や漫才師などいわゆるお笑い芸人を集めて「笑い」を売ることをビジネスにした。NHK連続テレビ小説「わろてんか」の主人公のモデルである。寄席の経営を改革し、芸能興行が企業として成り立つように工夫し、育て上げた先駆者。芸人たちの生活が成り立つように、細やかな配慮もした。

6歳で店番や接客をこなした看板娘

関西人は二人いたら漫才になる――。

そんなふうにいわれるほど、お笑い文化が広く浸透している芸人のメッカ、大阪。大阪のお笑いのシンボルとして、吉本興業株式会社は圧倒的な存在感を放つ。所属芸人・タレントは約6000人。日本最大級のお笑い芸人事務所である。

そのルーツとなった人物こそが、吉本せい。その人である。

せいは、大阪市の天神橋で米穀商を営む父の三女として生まれた。一説では、兵庫県明石市に生まれてその後に大阪に転居した、ともされているが、人格形成に大きな影響を与える幼少期を、大阪で過ごしたことには変わりない。

商業の中心地で、せいは商売人の娘として、商才を磨いていく。幼い頃から家業を手伝い、小学生になる頃には、一人で店番をして接客もこなしていたという。

一方で、学業も疎かにはしなかった。尋常小学校を優秀な成績で卒業。せいの下には、7人の弟や妹がいたため、子守りもしながら、商いの手伝いや勉学に励んだ。小さな寄席から吉本興行へと事業を拡大させた、せいのエネルギッシュさは、幼少期から培われたものだった。

10歳のときには、船場の米穀仲介人である名家へ奉公に出された。生活が苦しかったからではない。花嫁修業も兼ねた女中奉公が当時は一般的だった。せいは奉公先でも利発な娘として評判だったという。接客に加えて、雇い主の身の回りの世話も一通りは学んだようだ。のちに、せいは楽屋で芸人の世話を甲斐甲斐しく行うが、奉公先での経験が活かされたに違いない。

1907（明治40）年、せいは18歳のときに縁談を持ちかけられて結婚。相手は、老舗荒物問屋の息子で、3歳年上の吉本吉次郎（泰三）だった。3年後には戸籍上の入籍を果たし、長女を出産。以後は「吉本せい」と名乗ることになる。

商売人の娘として生まれ、家業を手伝いながら育ち、商売人との結婚――。この時点では、芸事とは無縁の、商売人としての地道な生活を送るはずだった。

ところが、大きな落とし穴がせいを待ち受けており、急展開を迎えることになる。

不況の中、背水の陣で小さな寄席を買収

結婚後、せいの人生の歯車が狂い始める。

夫の吉次郎が落語や芝居見物に夢中で、まるで仕事に精を出さないのだ。ひいきの芸者を連れて遊び回るだけでは満足せず、自らも舞台に立って、剣舞を披露する始末。地方巡業に出てしまい、1年半帰って来ないこともあったという。これではまるで、芸人の妻である。

それでも、家業である荒物問屋がうまくいっていればよいが、経営は火の車だった。それで

いて、口うるさい姑には、毎日のように説教される日々。あまりにも悲惨な新婚生活である。せいは帳簿をつけながら、ため息ばかりついていたことだろう。

日露戦争後の不況のあおりも受けて、家業は上向くことなく、不渡り寸前の危機的状況に陥った。もともと商売にやる気がない吉次郎は、あるとき、市電を通すために店の立ち退きを命じられると、これ幸いとばかりに、あっさりと廃業を決めてしまう。

妊娠中だったせいは実家に帰省。職が見つからない吉次郎も、そこに転がり込んできた。夫が無職のまま3年の月日が過ぎたというから、せいはさぞかし不安だったに違いない。

そんななか、転機は突然、訪れた。大阪天満宮の裏門付近の寄席、第二文藝館が経営不振で廃業を決めると、吉次郎がこんなことを言い出したのである。

「第二文藝館を買収して、寄席の経営をしよう」

実は、吉次郎は家業を放り出して地方巡業している間に、寄席の経営にもこっそり手を出していた。この第二文藝館を再建することで、本格的に事業を開始しようと考えたのだ。

無謀といえば、あまりにも無謀な挑戦である。百歩譲って、働く気になったのはよしとしよう。しかし、生活費すらもままならないのに、買収する資金などあるわけがない。しかも、せいの身になってみれば、夫とは違い、落語にも芝居にも関心がまるでない。吉次郎の提案は、まさに雲をつかむような話だった。

さらにいえば、第二文藝館は、経営に行き詰まったからこそ、売却することになったのだから、再建までの道のりは、容易なものではないはずだ。

何を夢みたいなことを言っているのか。そう、一喝してなんとか働かせようとするのが、幼子を抱える母親としてはごく当然の反応だろう。

だが、せいは違った。どうせならば、夫が一番好きなことをやらせてみようと、一か八かの賭けに出ることを決意したのである。一度決めたら、せいの行動には迷いがない。

最大の難関は資金だ。吉次郎はまるであてにならない。せいが自分の父に頭を下げて、説得を重ねた。せいの父親は、吉次郎の放蕩ぶりにほとほと呆れて、娘との離縁すら望んでいたため、交渉は難航した。それでもせいは、父を説き伏せて、なんとか資金を工面することに成功。それでも足りない分は他のところをあたって、借金をしながら資金をかき集めた。交渉事に滅法強い、せいだからこそできたことだった。

借金まみれになりながら、第二文藝館を買収してしまった二人。まさに背水の陣で、せいは吉次郎と寄席の経営へと踏み出した。1912年、大正元年のことである。

1928（昭和３）年頃の吉本せい。（写真：吉本興業株式会社）

独自のイロモノ路線や売り上げを増やす工夫で勝負

寄席を経営するには、芸人が必要となる。だが、すでにスタート時点で、借金しているくらいだから、一流どころの落語家を招くことなど夢のまた夢。落語家も、怪しい寄席に出て、自分の経歴を汚したくはない。十分な人数の落語家を確保することは困難だった。

ここまできたら、なりふりを構っている余裕はない。仕方なく、せいたちは、落語を中心にした従来の寄席のスタイルは捨て、バラエティ溢れる芸人をとにかくかき集めることにした。物真似や音曲、曲芸、琵琶、女漫談、さらには、怪力自慢まで舞台に上げた。演者のうち、落語家はむしろ少なく、いわゆる、イロモノ中心の演目で勝負に出たのだ。

芝居興行の責任者、つまり太夫元として岡田政太郎をビジネスパートナーとしたことでそんな方向性が固まったようだ。岡田は浪速落語反対派だったため、資金不足で落語家をそろえられない、せいたちにとって、手を組むのにぴったりの相手だったのだ。

せいはお茶子として、客を席に案内したり、客の下駄の泥を落としたりと、せわしなく働いたが、その目はしっかりと客の行動をとらえていた。芸事のことはわからないせいだからこそ、寄席に集まる客をビジネスとして、売り上げにどうつなげることができるか、常に頭はフル回転していた。

一方、吉次郎は、第二文藝館のスタートとともに、これまでの名を捨てて、「泰三」と名乗るようになった。どうしようもないダメ亭主なりに、今度の大勝負で、自分の人生を変えようとしていたようだ。

面白ければ何でもいい――。

どんな演目にするかは、芝居や寄席に通いつくした、泰三の感覚が頼りになった。自分が観たいものを、客に見せる。それも手軽な値段で観られればいうことはない。寄席の値段は、最低ランクの5銭とした。通常の寄席が15銭程度だったから、相場の3分の1という低価格を、客が一目でわかるところに看板として掲げた。

芸人のタイプこそはごった煮で、無名な者も多いが、とにかく安くて面白い。そんな評判が立ったのか、たちまち人気の寄席として知られるようになる。

既存の寄席と差別化したことで、ファンを獲得することに成功したのだ。

しかし、これでは安い値段で客を集めただけに過ぎず、利益を出すことはできない。しかも、じっくり売り上げを伸ばしていくような、余裕はない。背中にのしかかっている借金を、少しでも早く返していかなければ、いくら客入りがよくても廃業は逃れられない。

いかにして、手早く現金収入を増やすか。根っからの商売人、せいの出番である。

せいは、客が座る間隔をできるだけ詰めて、一人でも多くの客が座れるように、わずかなすき間があれば、強引に座布団をねじ込んだ。つまり、収容人数を増やすために、客を会場にすし詰めにしたのである。

もちろん、客は窮屈になり、いい顔はしないが、そこは5銭の低価格。寄席が面白ければ、多少の居心地がよくなくても、客は来るという算段があった。

また、せいは、小屋の空気をわざと入れ替えず、熱気あふれる状態にしていた。息苦しくなった客が退場するから、客の回転数は上がる。そこまでやるか、と驚くのはまだ早い。客席にあまり動きがないと、同じ芸人を再び舞台に上げ、客にこう思わせたのだ。

「もうひとまわりしたんやな」

ときには、早く帰らせるために、わざと素人同然のつまらない芸を挟み込んだこともあったという。やりすぎてしまうと、リピーターがつかなくなるので、プログラムの微妙な調節を、せいは小まめにやっていたようだ。

それどころか、5銭を売りにしながらも、料金を変更することさえあった。客の入りがよければ7銭に上げることもあったし、雨が降れば10銭と倍増させたこともあった。雨宿りしたい客が必ずいるから、その足元を見て値上げしたわけである。

一つひとつは細かいところだが、塵も積もれば山となる。わずか5銭の木戸銭にもかかわらず、35円の売り上げを記録することもあったという。

収容人数を増やして、回転率を上げる。そんなビジネスの基本を徹底しながら、せいは客の行動原理に沿った新しい儲けのアイデアを次々と考え出した。

夏になると、会場の暑さから寄席の客が少なくなることに気づくと、せいは1本2銭で冷やし飴の販売をスタート。ただ売るのではインパクトがないので、氷の上に瓶を転がしながら「ゴロゴロ飴、よう冷えてまっせ」と客を呼び込んだという。

また、売店でラムネやジュースなど飲み物がよく売れるように、あえて甘い物を売らず、おかきやせんべい、酢昆布やスルメなどしょっぱいものを重点的に売った。飲み物を売りたいならば、客の喉がよく乾くように仕向ければよい、というわけだ。

冬になれば、うどんやミカンを販売した。客が捨てたミカンの皮すらも無駄にしなかった。乾燥させ、薬問屋に売ってわずかながらでも現金収入につなげた。すさまじい商魂である。

すべては、せいが客の行動をつぶさに観ていたからこそ、思いつくこと。芸がウケるかどうかとは違う視点で、客の反応や行動パターンを観察していたのだろう。

もし、せいが現在のビジネスシーンに生きていれば、ネット上でのユーザーの動きを徹底的に研究して、お金を落とさざるを得ない仕掛けを次々と考え出したかもしれない。

寄席のチェーン展開でブランド力を強化

せいの頭の中心にあったのは、何も寄席の客だけではない。舞台に立つ芸人のことも常に気遣っていた。

芸人たちが舞台を終えて戻って来れば、せいが自ら冷たい手ぬぐいで背中の大汗を拭いて回った。さらに、芸人の身の回りの世話も、せいが細々(こまごま)と行っていた。女将でありながら、小間使いのように、芸人のために汗をかいた。芸人たちが恐縮し、感激したことはいうまでもない。笑いを提供する芸人と、それにお金を落としていく客。その両方に心を砕かなければならないことを、せいはよく理解していたのだろう。

芸人があっての会社の経営――。綺麗ごとに聞こえるかもしれない。だが、高名な落語家を呼ぶこともできなかった苦労を思えば、出てくれる芸人への感謝は自然に生まれてくるもの。ただし、せいはただ芸人に寄り添ったわけではもちろんない。きちんとリターンを考えたうえで、芸人にもメリットのあるかたちを提示する。そんなせいのスタンスは、事業が成長していくにつれて、ますます強く打ち出されていく。

第二文藝館の経営が軌道に乗ると、開業3年目にして、泰三は多角的な戦略に打って出た。次々と寄席を買収していったのである。上福島の龍虎館や松島の芦辺館など、1年で4件も寄席を増やし、寄席のチェーン展開を実現させた。

買収にあたって、厄介な交渉ごとは、せいの役目だ。もっとも興行の世界で生き抜いていく覚悟は、とうにできている。第二文藝館を開業した翌年の1913(大正2)年、せいと泰三は天満の長屋から南区笠屋町へ移転。事務所兼自宅を構えて、「吉本興業部」の看板を掲げた。

そして1915(大正4)年には、大阪の法隆寺にある名門寄席「旧金沢亭」を手中に収める。

借金までして、買収資金を調達したところにも、夫妻がいかにこの寄席に憧れていたかが伝わってくる。この寄席を「南地花月」と名づけると、第二文藝館を「天満花月」に改称。ほかの寄席も「天神橋花月」「福島花月」「松島花月」と名をつけて、花月ブランドを確立した。もはや落語界をまるごと呑み込んでしまったといっていいだろう。

そうしてブランド強化にあたっているときに、せいの実弟、林正之助を会社に迎えている。正之助は監督支配人として、せいが仕込んだ、座布団の間隔をできるだけ空けない配置や、入口の番や玄関番などを行っただけではなく、客数をごまかしていないか、寄席のオーナーに目を光らせる役も担った。

自分のやり方を正之助に伝えて、正之助もまた寄席のオーナーにそれを徹底させる――。せいが夫をできるだけ自由に働かせてチェーン展開しながらも、同時に教育システムを構築していたことは、特筆すべきことだろう。

そうして寄席を強化しながら、せいは新たな演芸の発掘にも余念がなかった。ざるを手にして「どじょうすくい」をする、島根県の「安来節」に目をつけたのである。

せいは正之助に指示して、安来節の芸人を現地でスカウトし、寄席の演目に追加。ショーとして成功させ、その眼力の正しさを証明した。

せいはヒットへの嗅覚が並外れて優れていたのだろう。その眼は海外にも向けられ、1934（昭和9）年には、アメリカのレビュー団「マーカス・ショウ」を招聘。劇場を大入り満員にさせている。

「芸人ファースト」で月給制導入も

寄席が増えれば、抱える芸人も増えてくる。

すると、せいは人気のある芸人には月給制を導入した。収入が不安定な芸人が少しでも生活の不安をなくし、芸事に集中できる環境づくりを推進したのである。給料の前借りや借金の一本化にも尽力したというから、芸人本人はもちろん、その家族にとってもありがたい制度だった。

ただし、すべての芸人に月給制がとられたわけではない。あくまでも人気がある芸人に対しての優遇であり、しかも、せいは、月給制の落語家とは、専属契約もちゃっかりと結んでいる。月に安定した給与を払う代わりに、ほかの舞台には出演しないことを約束させたのだ。そこでしか見られないとなれば、その芸人にファンがつけば、おのずと寄席の客が増えることになる。安定した暮らしと引き換えに自由を奪う。芸人をどれだけコントロールできるかで、経営の大勢が決まることを、せいはよく理解していたようだ。

せいは、好条件をチラつかせて、芸人の引き抜きも積極的に行っていた。交渉はお手の物で、三升家紋右衛門（みますやもんえもん）という美男子で大人気の落語家とも専属契約を結ぶことに成功。月給は500

円。当時、小学校の教員の初任給が45円だったことを考えると、破格な待遇といえるだろう。

しかし、せいからすれば安いものだったかもしれない。噂はあっという間に広まる。「吉本は芸人の待遇がいいらしい」。これに勝る宣伝文句はないだろう。

そして、ついに、せいは大物との契約に成功する。「爆笑王」として飛ぶ鳥を落とす勢いの桂春團二（はるだんじ）である。上方落語会で随一の人気者で、行動も破天荒。道頓堀に飛び込んで新聞記事を賑わせたこともあった。高座をやれば大爆笑、話題性から客も寄席に殺到する。せいにとって、是が非でも専属契約を結びたい落語家だった。

だが、せいは決して焦らなかった。

何しろ相手は、引く手あまたの人気者。羽振りもよく、専用の人力車を乗り回して、寄席の買収まで行っている。普通に挑めば、専属契約は難しいだろう。相手が専属契約に飛びついてくる、そんな機会が必ず訪れるとせいはわかっており、ただ、そのときを待ち続けた。

そして、絶好のタイミングが訪れた。春團二は、あちこちで借金を重ねて、寄席の経営も頓挫。にっちもさっちもいかなくなってしまった。せいは、春團二の金使いの荒さをよく知っており、この没落の機会を虎視眈々と狙っていたのである。

せいは、ここぞとばかりに、春團二に専属契約を提案。月給は700円という破格の額で、借金もすべて肩代わりしてくれるという。実は困窮していた春團二にとっても、これ以上ないよい話だった。かくして、せいは見事に契約をまとめてしまった。

交渉はつい、自分の熱意が高まったタイミングで仕掛けてしまいがちだ。しかし、それは得策ではない。自分ではなく、相手の状況をみて、より有利な時期を選び、交渉の場につかせる。いつでも好条件を引き出すことに長けていた、せいらしい戦略だった。

落語から漫才へシフトした鋭い勘

一流の芸人が活躍する姿は、売れない芸人への刺激にもなった。大阪各地に増えた「花月」の劇場で客を沸かせることができれば、一流寄席の「南地花月」の舞台に呼ばれるかもしれない。さらにそこで結果を出せば……。

吉本夫妻が一つの寄席の成功で満足することなく、成功のたびに借金までして拡大し、チェーン展開したことによって、事業を縦だけではなく、横にも広げることができ、やがてそれが大きな流れとなり、大興行主として吉本興業部は発展していく。

事業が大きくなれば、視野はさらに広がる。関東大震災が起きると、せいは正之助と支配人たちに毛布や米など支援物資を持たせて、東京へ派遣。落語家たちの避難先で配って回った。このことが、東京の落語家が花月の舞台に立つきっかけになった。警戒されやすい東京進出を、最も受け入れられやすい状況で果たしたといえるだろう。

まさに順風満帆そのもの。そんなとき、またもや大きな転機がせいに訪れる。泰三が37歳の若さで、脳出血によって突然死したのである。1924（大正13）年、たった二人で小さな寄席をスタートさせてから、12年後のことだった。

すでに経営する寄席や演芸場は30件以上。社員も芸人も多くいる。夫が好きだったことから始めたこととはいえ、後戻りすることはできなかった。いや、後戻りなど決してしたくはなかったのだろう。女興行師としての人生を全うする道をせいは選んだのである。

そして、お笑い業界自体も大きな転換期を迎えていた。落語の人気が日に日に衰え、二人で会話を繰り広げる新しいお笑いとして、「漫才」の人気が急上昇し始めた。せいは、その変化を寄席の現場で痛感したため、漫才師のスカウトを積極的に行っていた。実際に汗をかいたのは、弟の正之助だ。1928（昭和3）年の段階で、48組の落語家が吉本に所属。落語から漫才へ。時代に変化に合わせてシフトしていった。

正之助がスカウトした漫才師の一人が横山エンタツである。エンタツは花菱アチャコとコンビを組んで大ブレイクを果たす。このときに現在の漫才スタイルが確立されることになった。ところが、そうなると、面白くないのが落語家たちである。会社は漫才ばかりを重視しているのではないか。黄金期を知るだけに、落語家たちは不満を口にするようになってきた。

そんなとき、せいはできるだけ彼らの聞き役になった。せいの口癖は、「うちがここまで来られたのは、みんな落語家の師匠方のおかげ」。落語家たちも、楽屋で苦楽をともにしたせいならば、自分たちの気持ちがわかってくれるはず、と心を開いた。

せいは、不満に寄り添いながらも、現場の不満を正之助に伝えることなく、正之助が漫才師の獲得に注力できる環境を整えた。泰三のときと同様に、せいは正之助との役割を明確に分けることで、企業の成長を停滞させることなく、拡大を続けることに成功した。

メディア対策に気を配り、大阪のシンボルも買収

落語から漫才へ。客の観たいものが変わっていくなかで、せいはメディアの活用を進めていく。きっかけは、せいが専属契約にこぎつけた落語家、桂春團二の暴走である。吉本興業所属の芸人はラジオへの出演を禁じられていたにもかかわらず、ラジオ番組で「祝い酒」を演じてしまう。春團二としても落語の凋落に対する危機感があったのだろう。

せいは春團二の独断専行に激怒して、寄席の出演停止と肩代わりしていた借金の返済を求める大騒動となった。だが、そんな騒動を新聞が報じたものだから、結果的に、寄席に客が押し寄せることになった。せいにとっては、嬉しい誤算だった。

メディアの力を実感したせいは、PR活動の強化へと方向転換。エンタツ・アチャコを満州慰問団として送り、主催である朝日新聞に取り上げさせるなど、寄席以外のフィールドでの露出に力を入れ始めたのだ。

さらに「吉本芸人通信」を発行して、新聞社に郵送。記事にしやすいように、パブリシティ

用の芸人の写真も同封するといった気遣いを見せた。かつて寄席で発揮された、せいの細やかな気遣いが、今度はメディア相手にも発揮されたのである。

このメディアミックスの手法が当たり、吉本所属の芸人が各新聞社を賑わせ、製薬会社など企業とのタイアップにもつながった。

テレビをつければ、そこに吉本芸人がいる——。そんな現在の状況の原点を、せいは時代にあわせて形づくったのである。

正之助へと世代交代を進めながらも、1938（昭和13）年には、女帝いまだ健在と思わせる、周囲の度肝を抜く買い物をした。大阪のシンボルである通天閣を買収したのである。このとき通天閣の経営は悪化しており、買収自体に経営的なメリットはほとんどなかった。それでも、大阪の象徴を手中にするのが、いかにもせいらしい。

1949（昭和24）年、吉本興行合名会社は吉本興業株式会社に改組。正之助を社長に、せいは会長に就くも、その翌年、せいは、60年の生涯に幕を閉じる。

たった一軒の寄席から、一代で吉本興業を築き上げた、吉本せい。不況の時代こそ、その経営マネジメント手法は見習うべき点が多くあるといえるだろう。

参考文献

青山誠『吉本せい・お笑い帝国を築いた女』KADOKAWA、2017年
矢野誠一『新版 女興行師 吉本せい―浪花演藝史譚』筑摩書房、2017年
『吉本せいの生涯（別冊宝島）』宝島社、2017年

まとめ

- 寄席の経営では、ファンを獲得するために、演目に他と違う独自カラーを打ち出すことが重要。今も変わらぬビジネスの基本原則である。
- 売り上げを増やすためには、客の行動を観察し、購買意欲をかき立てる商品(飲み物など)をそろえるなど、付属ビジネスも大切。
- まずは一店舗の成功を目指して、そこからチェーン展開してブランド力を強化していく。ブランドへの憧れが従業員を呼び、新たな顧客を呼ぶ。
- 契約は、メリットとデメリットを抱き合わせて締結させる。
- 交渉ごとは相手の状況をよく踏まえたうえで行い、好条件を引き出せるタイミングを図る。決して慌てないこと。
- 時代の動きを敏感に察してビジネスをシフトしていくこと。ただし、その際に生まれる軋轢を予見したうえで、現場関係者のフォローを怠ってはならない。
- 採算を度外視した投資が、見ている人の心を動かし、結果的に採算以上に大きな価値を手に入れることもある。予定調和は捨て、意外性を大切にすること。
- メディアに取り上げられるには、メディア側の立場に立って考えることが重要。

広岡浅子

激動の時代を駆け抜けた明治の女性実業家

広岡浅子●ひろおか　あさこ　1849（嘉永2）〜1919（大正8）年
豪商・三井家の妾の子に生まれ、反骨精神と生来の明るさと行動力で、数々の事業を成功させた実業家。NHKの連続テレビ小説「あさが来た」の主人公のモデル。炭鉱現場で炭鉱夫とともに働いたり、銀行を設立して女性社員を初めて雇ったり、窮地の保険会社を「小異を捨てて」合併させ大同生命を誕生させるなど活躍は大胆。日本初の女子大学までつくった。

豪商・三井家のお転婆娘

2016（平成28）年4月から女性活躍推進法が施行され、女性の社会進出が注目されているが、女性蔑視が公然となされていた明治・大正期において、その萌芽はすでに見られていた。女性がもっと輝ける社会を――。そんな思いを抱いて、女性の地位向上に大きく貢献したのが、実業家の広岡浅子である。

NHKの連続テレビ小説「あさが来た」のヒロインのモデルとなったことで、その名を馳せたが、浅子が成し遂げたことを思えば、もっと広く知られるべき人物だろう。鉄鋼、鉱山、金融など多岐にわたる事業に奔走した浅子は、近代日本における女性実業家の先駆けであり、そのマネジメント手法は、混迷する現代の日本においても学ぶべき点が多い。

1849（嘉永2）年、浅子は京都で小石川三井家、六代当主の三井高益の四女として生まれた。2歳のときに三井家に迎えられ、義兄の高喜とその妻の利和に育てられる。

妾の子という複雑な立場だったが、浅子は三井家で活発な幼少期を過ごした。男の子たちの先頭に立つお転婆ぶりで、三井家で修行する丁稚や小僧を相手に、よく相撲をとっていたという。ただ、相撲のたびに、結い立ての髪を振り乱すので、利和から毎日のように叱られていたようだ。すると、14歳のある朝、浅子はふさふさと美しかった髷を根元からばっさり切った姿で現れて、家人たちを驚かせた。

誰にも口出しさせない。そんな浅子の反骨精神がこの頃からすでに感じとれる。

だが、三井家で自由奔放な幼少時代を過ごしたわけではない。将来の夫のためにと、三味線、お琴、裁縫、茶の湯と厳しい花嫁修業が行われた。浅子は読書を楽しみにしていたが、それも「読書を一切禁じる」と禁止されてしまったのだ。

女性に学問は不要で良家に嫁ぐことさえ考えればよい、とされていた時代である。お転婆娘として暴れまわりながらも、学問への関心が高かった浅子にとって、読書を禁じられたことは、耐え難いことだったようだ。後にこう振り返っている。

1898（明治31）年頃の広岡浅子。（写真：大同生命保険株式会社）

「女子といえども人間である。「学問の必要がない」という道理はない。かつ、学べば必ず習得せらるる頭脳があるのであるから、どうかして学びたいものだ。——と考えました」

何かを学びたいというその思いは、障壁が大きいほど、強くなるもの。浅子はのちに、思う存分に読書ができる環境に身を置くと、恐るべき集中力で知識を吸収し、実業家として活躍する下地をつくっていく。

1865（慶応元）年、浅子は17歳で嫁入りをする。嫁いだ先は、大阪の豪商・加島屋を営む広岡家である。この加島屋で、浅子は事業を手がけることになるのだった。

嫁ぎ先の経営姿勢に危機感を持つ

加島屋に嫁いだ浅子は、夫の広岡信五郎が8歳も年上にもかかわらず、まるで家業に関心がないことに驚かされる。

加島屋は江戸初期に精米業者として創業。米市場で中心的な役割を果たしながら、大阪屈指の両替商へと成長を遂げた。藩の大名に金を貸し、その利息収入で、加島家は大いに潤っていた。そんななか、信五郎は本家の次男として生まれるが、分家の跡取りとして養子に出された。浅子は広岡家の分家である広岡家新宅に嫁いだことになる。

信五郎にしてみれば、本家は三男の正秋が継ぐことが決まっているし、そのうえ、当主がまだ健在なため、家業は自分にとって遠い存在だったのだろう。三味線や茶の湯などもっぱら趣味に明け暮れていた。浅子はこう嘆いた。「嫁してみれば、富豪の常として、主人は少しも自家の業務には関興せず、万事、支配人任せで、自らは日毎、謡曲・茶の湯等の遊興に耽っているという有様であります」

ただ、浅子が呆れたのは夫のぐうたらぶりだけではない。浅子がいる新宅は分家ではあったが、本家はすぐ隣にあったため、どんな生活をしているかは嫌でも目に入ってくる。徒歩で歩ける距離でも運賃を払って輿に乗り、外出の際には振袖で着飾る。豪商として当然の暮らしぶりなのかもしれないが、浅子にとっては目に余る浪費癖以外の何物でもなかった。浅子が育った三井家が堅実経営で倹約に励んでいただけに、その環境の違いに、浅子は強い危機感を覚えた。

「かくては永久に家業が繁昌するかどうか疑わしい。一朝あれば、一家の運命の双肩にになって自ら起たねばならぬ」

ビジネスにおいて女性が先頭に立つなど考えも及ばぬ時代だったが、浅子には、そんな常識を打

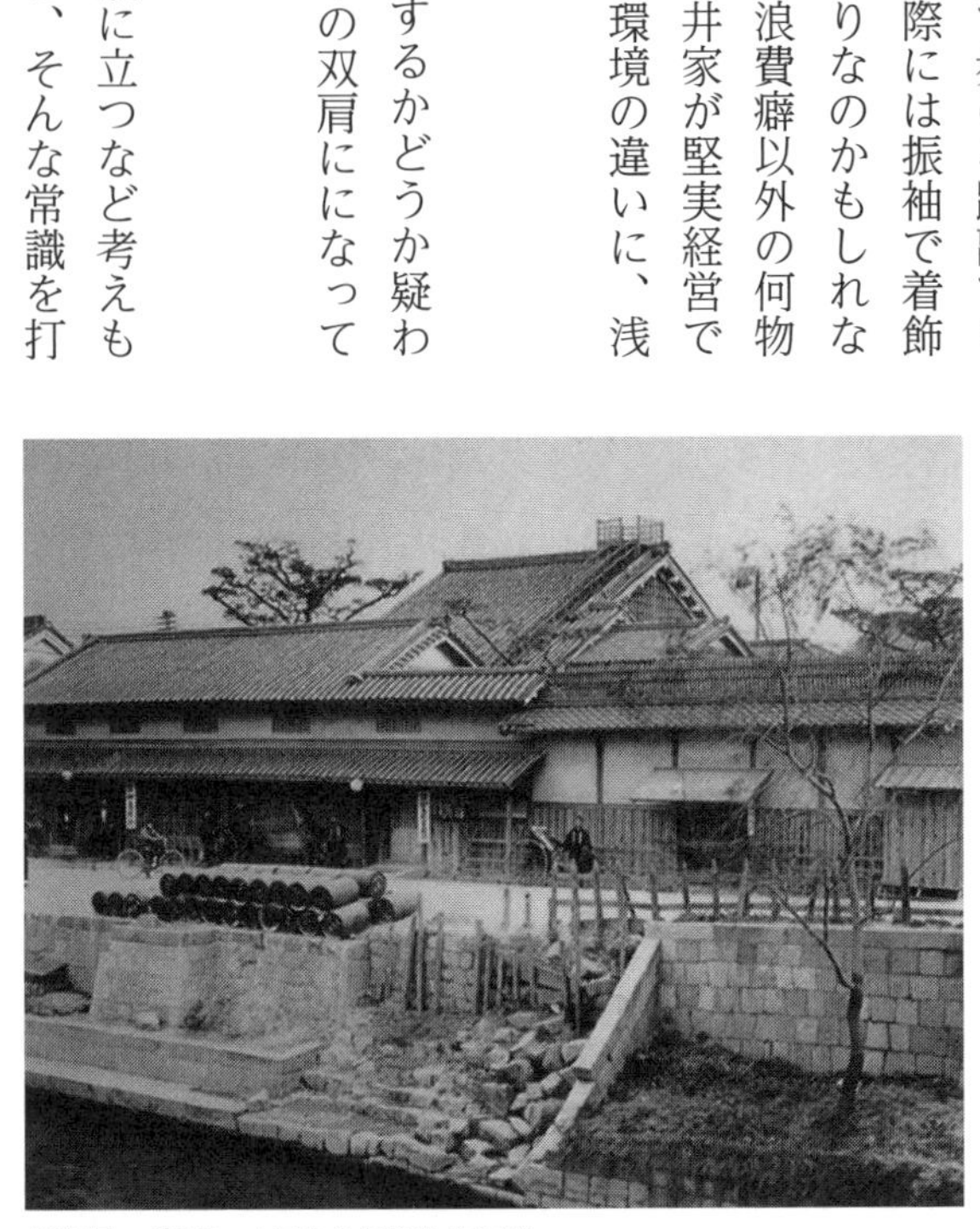

加島屋。（写真：大同生命保険株式会社）

ち破る意思の強さがあった。「女子といえども人間である」、三井家での悔しい思いが、その脳裏には浮かんだことだろう。

浅子は、加島家を自らが立て直すことを決意した。

商売を独学で学んで新事業を始める

このままでは、加島屋はいずれ立ち行かなくなるのではないか――。そんな浅子の懸念は現実となっていく。

明治維新によって廃藩置県が行われ、藩の借金は新政府が引き受けることになった。しかし、新政府の財政状況は厳しいもので、1843（天保14）年以前の債務は無効とされ、残った債務すらも長期での返済となった。さらに、明治元年以前の借金は無利息になるなど、商人たちへの激しい逆風が吹き荒れるなか、加島屋は倒産危機を迎えることになる。

だが、どこかのんびりした加島屋と、そして、夫の信五郎ならではの良さもあった。それは、浅子のやりたいことに反対しなかったことだ。自由に書物を読むことが許されて、浅子は読書に明け暮れた。三井家のときと違うのは、ただ漠然と学問をしたいという気持ちではなかったということだ。加島家の危機を自分が救いたい。その一心で、浅子は経営に活かせる本を読み漁った。浅子自身も次のように書いている。

「簿記法・算術・その他、商売上に関する書籍を、眠りの時間を割いて、夜毎に独学し、一心にこれが熟達を計りました」

目的意識がはっきりした読書は、知識を身体のより深いところへと染み込ませる。浅子は、加島家を復興させるための新事業へと思案を巡らせることになる。

新事業を考えるときに、方法は大きく分けて二つある。

一つは、すでに現状で持っているリソースを活かし、その延長で事業を考える方法だ。これは吉本興業の創業者、吉本せいが当てはまる。せいは、嫁いだ先の夫が家業に精を出さない、という点で、浅子と似た境遇にあった。危機感を持ったせいは、夫が趣味として夢中になっていた寄席をビジネスにして拡張させることを決断。芸能事業として大きく躍進させている。

もう一つが、時代のニーズに合わせて、まるで縁がなかった事業を始めるというもの。これは、日清の創業者、安藤百福が得意とした方法である。百福は初めて事業を行うにあたって、図書館で日々の新聞、雑誌に目を通した。その結果、手袋、靴下、肌着などに用いられる織物であるメリヤスという商品に着目する。輸入事業を興すと、仕入れが追いつかないほど大反響を呼んだ。その後も、百福は戦後の混乱期の需要に応えた事業を展開。やがて、その情熱は、インスタントラーメンづくりへと結集されることになる。

浅子の場合はどうだったかといえば、後者の方法で新事業を展開した。明治維新という時代の大変革で、加島家は窮地に立たされた。ならば、その時代の風を味方につければよい。そんな思いもあったのかもしれない。新たに伸びる事業として、浅子が注目したのは、石炭である。

1869（明治2）年、鉱山解放令が布告されると、浅子は石炭事業に乗り出すまたとない機会だと考えた。翌年からは鉄道の敷設工事もスタート。蒸気機関車の燃料として、多くの石炭が必要となるはず。浅子は金策に走り回り、さらに、自らの持参金を資金に使ってまで、費用をかき集めた。明治という新しい時代の風を敏感に感じて、新事業を立ち上げたのである。

1884（明治17）年、浅子は潤野（うるの）炭鉱で採掘される石炭の販売代理権を獲得。名義上こそ、夫の信五郎が社長となっていたものの、実権を握るのは浅子だ。そもそも、信五郎はビジネスに関心がない。その2年後には、炭鉱自体の買収も行い、浅子は鉱山で働く炭鉱夫たちを率いる立場となった。

日本を代表する女性実業家が誕生した瞬間である。

炭鉱に現る！ ピストル浅子

経営者やリーダーが頭を悩ませることの一つが、現場をいかに指揮するか、ということだ。現場の人たちが、上からの指令をきちんと理解したうえで自発的にどんどん動いてくれる、という事例は皆無といっていいだろう。どの現場にも、マネジメントにおいて困難がある。

だが、そんななかでも、浅子が自ら担った炭鉱事業における現場の指揮は、かなり難易度が高いものだった。なにしろ相手は、屈強な炭鉱夫たちである。まさに、男社会そのもの。突然、現れた女性の雇い主に、そう簡単に従うはずがない。そうでなくても、現場を知らない経営者は、反感を持たれることが常である。

さらに、炭鉱自体も問題を抱えていた。大きな断層が採掘を阻み、炭層になかなかたどり着けないでいたのだ。日本の炭鉱は地層の複雑さがゆえに、炭層にぶちあたる前に資金不足に陥り、断念するケースが後を絶たなかった。

浅子は、難しい状況のなかで、現場で直接、陣頭指揮をとることを決意。着物から動きやすい洋装へと着替えて、真っ黒になって働く炭鉱夫たちと同じ空間で、現場で働く炭鉱夫たちに声をかけて叱咤激励した。女性が、それも経営者が現場の人間とともに汗をかく——これまで見たことがない光景に、炭鉱夫たちもさぞ驚いたに違いない。

もちろん、浅子の挑戦に、本人、そして周囲も、懸念がなかったわけではない。危険を伴う地底での作業である。これまで浅子のやることに理解を示してきた家族たちも、今回ばかりは猛反対した。それでも浅子は、経営する以上は現場に入っていく必要があると考えていた。

炭鉱夫たちに交じるにあたって、浅子はピストルを懐に忍ばせていた。現場で炭鉱夫たちと対峙するためのお守りのようなものだったのだろう。浅子の悲壮な覚悟がうかがえる逸話である。浅子は炭鉱夫とともに寝泊まりしながら、自ら坑道の先頭に立って、採掘することすらあったという。

そんな文字どおり、身を削った努力が実り、炭鉱は借区83万坪、炭鉱員２００人の規模まで拡大。肝心の産出量も１８９７（明治30）年には、前年比から約5倍増となる、１万７４２トンまで急増させた。それ以降、収益は順調に伸びていった。浅子の手がけた新事業は、加島屋を営む広岡家にとって、大成功に終わったといっていいだろう。

だが、単純な成功ストーリーには収束し得ないほどの苦労もそこにはあった。当初は、採掘量が少なく、採算もとれずにいた。経営が苦しかった期間は、10年にも及んだという。これが、浅子が自分の夢を実現させるための事業ならば、我慢の期間も理解できるが、そうではない。家業を助けるための新事業である。結果が出ないなかで、続けることがどれだけ難しかったことか、想像に難くない。

それでも、浅子は自分を曲げずに、石炭事業を続行した。結果的には「成功した」といえるが、正確には「成功するまで続けた」ということに尽きるだろう。

「九転び十起き」を座右の銘とした浅子。その粘り強さは、次なる新事業においても発揮される。

銀行を設立して女性を雇用

拡大を続けた潤野炭鉱は、1899（明治32）年には、産出量が5万トンを超えた。もはや、浅子が管理できる事業規模ではなくなったため、のちに八幡製鉄所となる官営製鉄所に35万円で売却。当時、小学校の教員や警官の初任給が月に8～9円ぐらいだったことから、明治時代の1円を現在の2万円で換算すると、70億円もの大金を手にしたことになる。時代の波を味方にして大成功を収めた、といってよいだろう。

だが、浅子はまだ満足しなかった。浅子の頭のなかには、すでに新しい事業があった。炭鉱事業と同じく、時代が求めるニーズを探った結果の新事業、それは、金融業である。

明治維新後、新政府は新貨幣をつくろうとしていたが、財政難から旧貨幣を鋳造することで、急場を凌ごうとした。しかし、ニセ金が横行して、通貨の価値は急落。通貨の主役を、貨幣から紙幣へと移行させるべく、明治新政府は試行錯誤を繰り返した。

ようやく新政府が「新貨条例」を制定するのは、1871（明治4）年のことである。その2年後の1873（明治6）年に、渋沢栄一が日本で最初の銀行となる「第一国立銀行」を設立する。

それでも新紙幣への移行がなかなか進まず、政府は次の手を打つ。1876（明治9）年に行われた国立銀行条例の改正である。この改正によって、国立銀行の規制が緩和。国立銀行が急増するのに伴って、新紙幣の発行は行わずに貸付や預金業務を行う私立銀行が設立され始めた。最初に手を上げたのは、三井銀行である。

浅子が育った三井家が銀行に参入し、さらに、1877（明治10）年には、加島家とライバル関係にあった鴻池屋が第十三国立銀行を設立した。加島屋はもともと両替商であり、金融業はむしろ原点だといっていい。時代の流れに敏感な浅子が、銀行の設立を目指したのは、ごく自然なことだといえるだろう。

1888（明治21）年、初代頭取に広岡正秋が、相談役には信五郎が就くかたちで、加島銀行が設立される。しかし、他行と同じことをするのでは、先細りは目に見えている。加島銀行は、大口取引だけではなく、小口取引の数を増やすことに注力した。どうしても大口取引が銀行経営では重視されるが、貸付の金額が大きい分、倒産時のリスクも高い。堅実な経営を行うために、加島家は本来とは逆の動きをとって、注目を集めた。

数字に滅法強かった浅子の考えがそこにあったことは想像に難くない。浅子は炭鉱のときと同様に、現場に積極的に入って、多くの男性行員を従えた。

一方で、浅子は女性社員の登用にも積極的だった。当時、女性は家事や育児に専念するか、働くとしても、製糸工場など肉体労働がほとんどで、そのため浅子が加島銀行で女性社員の採用を開始すると、たちまち憧れの職となり、加島銀行のステータス向上にもつながった。今でこそ銀行の窓口は主に女性が占めているが、浅子はその最初のきっかけをつくったのである。

残念ながら、加島銀行は、1930（昭和5）年から1931（昭和6）年にかけて起きた昭和恐慌によって廃業。鴻池銀行、野村銀行、山口銀行の三行へ営業譲渡されることになったが、金融史においてその存在感を十分に発揮した。

保険会社の経営難を建て直す

聞き慣れた社名でも、その由来までは知らないことがほとんどだろう。潤野炭鉱の開発や加島銀行の運営に携わった浅子だが、いずれも今は存在していない。浅子が立ち上げた事業で、今なお変わらず残っているのが、大同生命である。大同生命の社名は「小異を捨てて大同につく」から来ている。設立の経緯を知れば、その名の響きがまた違ったように聞こえるはずだ。

発端は、浄土真宗の門徒を主な顧客とした「真宗生命」という生命保険会社が、1895（明治28）年に立ち上げられたことにある。

広岡家は浄土真宗の宗派で、関西で最も大きな檀家だったために、真宗生命が4年で経営が悪化すると、その再建を引き受けることになった。ちょうど1893（明治26）年頃から生命保険会社の設立ブームが本格化するなかで、1899（明治32）年、真宗生命が「朝日生命」としてスタートし、正秋が代表取締役を務めることになった。もちろん、浅子の後押しがそこにあったことは言うまでもない。ちなみに、この朝日生命は現在の朝日生命とは別会社である。

だが、経営悪化した保険会社が名を変えただけで、再建できるほど甘くはない。生命保険会社はすでに飽和状態で、朝日生命の契約件数も伸び悩み、加島家の事業のなかでも、赤字部門となりつつあった。

そこで浅子が思いついたのが、企業合併である。中堅の保険会社で経緯が苦しい者同士で協力しようというわけだ。交渉役となったのは、中川小十郎。高級官僚から実業家に転身し、のちに政界に進出する人物だが、浅子の頼みで広岡家のサポートにもあたっていたのだ。経営不振の朝日生命が手綱を握って、合併話を進めるのは、そう簡単なことではない。小十郎なしには、合併話を進めることは難しかっただろう。浅子が有力者を巻き込むことに長けていたために、窮地での策を実現することができた。

1902（明治35）年、朝日生命、護国生命、北海生命の3つが合併。大同生命が立ち上げられることになった。三社とも、社風は異なるが「小異を捨てて大同につく」という覚悟を思っての合併だった

炭鉱業、金融業に続き、生命保険業でも存在感を示した浅子。三つ目の大きな仕事、生命保険業においては、嬉しい変化があった。それは夫、信五郎が経営に参画したことだ。ビジネスにまるで興味がなかった信五郎だったが、いつでも逆境をはね返してきた浅子の影響を受けないではいられなかったのだろう。さらに、大同生命発足の前年には、娘の亀子が、子爵・一柳家の次男、恵三を婿として迎えていた。

もはや実業家として前線で旗を振る必要はない――。そう考えたのか、浅子は経営の一線から退き、社会活動に専念することになる。

日本初の女子大学を設立

浅子の人生をみているると、何人分もの人生を送っているかのようにみえてくる。そして、不可能だと普通は諦めていることも、実は実現できるのではないかとさえ人に思わせる。そのエネルギッシュさこそが浅子の魅力であり、そうした人物のもとには、おのずと人が集まってくるものだ。

実業界で名を馳せた浅子のもとには、さまざまな話が持ち込まれたが、特に多かったのが、女子校の設立である。浅子は実業家としてだけではなく、教育者としての顔もあった。

浅子は、自分と主義を異にする相手の話に耳を傾けることはなかったが、女子高等教育の必要性を熱心に説く成瀬仁蔵（なるせじんぞう）の話には、心を揺さぶられた。

成瀬が浅子に渡した『女子教育』では、「女子を人として教育すること」「女子を婦人として教育すること」「女子を国民として教育すること」の三方面から女子高等教育の方針が述べられており、浅子の心をとらえて離さなかった。

「これこそ私が少女時代から寸時も念頭を離れなかった、我が国女子を哀れな境遇から救わんとの熱望を果たさるべき光明であるかのように覚えました」

のちに、そう振り返るほど、浅子は成瀬の理念に共感した。自分が幼い頃に、三井家で味わったような、性別を理由にした理不尽な目には、誰にも遭わせたくないという思いがそこにはあったのだろう。

浅子は成瀬とともに、女子大学設立の資金集めのために、有力者たちのもとへと東奔西走した。ここでもまた、浅子の「人を巻き込む力」が存分に発揮されることになる。

それも、並の有力者ではない。一人は、日本初の総理大臣である伊藤博文。伊藤が理念に共感したことで、西園寺公望、大隈重信、板垣退助、山県有朋と政界の有力者へと支援を広げていった。そのうえ、財界にもアプローチし、実家の三井家だけではなく、渋沢栄一や岩崎弥太郎といった名立たる事業家も計画に賛同させている。とりわけ、三井家からは建設用地の寄付を取り付け、女子大学設立へ大きく前進させた。

浅子は、成瀬と二人三脚で資金を集め、ついに1901(明治34)年、日本で初めての女性のための高等教育機関である、日本女子大学を創立する。

設立当時の日本女子大学。(写真:日本女子大学)

浅子の人脈がフル活用されたかたちだが、それだけ協力者を得られたのは、浅子が行動と実行の人だと誰もが認めていたからだろう。浅子は総理相手だろうが、ひるむことなく、政治や外交の意見をぶつけて議論する。決して、その場に呑まれることはなかった。その腹の据わりようは、ピストルを懐に炭鉱に乗り込んだときから変わらない。死ぬ気で物事に取り組んだ経験は、いつでも大きな収穫をのちにもたらす。そのことを、浅子は教えてくれているようだ。

晩年の浅子は、女性の地位向上のための運動に専念した。１９１３（大正２）年から亡くなる前年まで、御殿場にある別荘で勉強会を開催。婦人活動家で政治家の市川房枝、児童文学翻訳家の村岡花子などを輩出している。

「よく聞け、金を残して死ぬ者は下だ。仕事を残して死ぬ者は中だ。人を残して死ぬ者は上だ。よく覚えておけ」

政治家の後藤新平の言葉である。

激動の明治期を全力で駆け抜けた浅子は、まさに一流の仕事をして、１９１９（大正８）年、腎臓炎によって71年の人生の幕を閉じる。

参考文献
広岡浅子（著）、影山礼子（解説）『人を恐れず天を仰いで』（復刊『一週一信』）新教出版社、２０１５年
『歴史読本』編集部（編）『広岡浅子―新時代を拓いた夢と情熱』ＫＡＤＯＫＡＷＡ・中経出版、２０１５年
長尾 剛（著）『広岡浅子．気高き生涯―明治日本を動かした女性実業家』ＰＨＰ研究所、２０１５年
『広岡浅子―激動の時代を駆け抜けた「女傑」の生涯』三才ブックス．２０１５年

まとめ

- 新事業を行うにあたっては、さまざまな資料を集め、時代が要請するビジネスであるかどうかを徹底的に検討すること。
- 政府が打ち出す政策や法令を把握して、ビジネスを改善あるいは考案すること。
- 経営者たる者は、自ら現場に立ち、部下が働く状況を共有し、時には先頭に立つこともいとわないこと。
- 新事業には予想しない困難や失敗がつきもの。試行錯誤が尽きるまで、成功する方法を常に模索して、やり方をアップデートしながら、実行に移していくこと。
- 先行するライバル会社の強みを研究したうえで、自社の強みを考えて、顧客にとって差別化につながるサービスや商品を提供すること。
- 既成概念を疑い、時代を先取りした雇用体系がないかを常に探ること。
- 経営上の大きな困難に直面したときは、競合相手と手を組むという発想を持つことも必要である。
- 広岡浅子がそうであったように、エネルギッシュな経営者のもとには自然と人や企画が集まってくるものである。

三井高利

現代に通じるビジネスモデルを構築した三井の創業者

三井高利●みつい　たかとし　1622（元和8）〜1694（元禄7）年
巨大企業コンツェルン、三井グループの開祖。江戸は元禄時代の商店「三井越後屋」の創業者。呉服の卸・小売りと両替商で巨大な財を築く。呉服業では店頭売りにより一般消費者への低価格・現金商売を実行、いわばスーパーの元祖となる。両替商では為替手形の現金決済だけでなく、預金、貸付など、まさに銀行業を営み、これが三井銀行の前身となった。

三井高利の生きた時代は商人が台頭

三井八郎兵衛高利は1622（元和8）年から1694（元禄7）年と1600年代の70年余年を生きた人物である。いわずと知れた巨大コンツェルン、三井グループの開祖である。江戸時代の人物をなぜ明治以降の日本経済の黎明期にとりあげるかといえば、高利の考案したビジネスの仕組みが近代から現代日本にまで生き続けているからである。

この三井高利が生きた1600年代とはどんな時代であったろうか。まずはその時代背景から振り返ろう。

1600（慶長5）年関ヶ原の戦いが勃発、徳川家康率いる東軍が実質大将であった石田三成率いる西軍を破り、勝利した。1603（慶長8）年には徳川家康が征夷大将軍に就任し、徳川幕府を開く。1615（元和元）年大坂夏の陣にて豊臣家が滅亡し、徳川政権の時代が確立された。

三井高利が誕生した1622（元和8）年には幕府（将軍は第二代徳川秀忠）は、外様大名の妻子を江戸にとどめおく人質制度を敷く。1637（寛永14）年には天草四郎率いるキリシタン蜂起部隊による島原の乱が勃発する。1657（明暦3）年、明暦の大火が起こる。後述するが1673（延宝元）年、高利が江戸で三井越後屋を開業した。後の三越、現在の三越伊勢丹ホールディングスである。また1683（天和3）年、高利は63歳で江戸に両替店を開く。これは後の三井銀行、現在の三井住友フィナンシャルグループの礎となった店である。時はすでに四代将軍徳川家綱の御代である。

徳川綱吉が1680（延宝8）年に五代将軍に就任する。1685（貞享元）年頃、徳川綱吉は生類憐みの令を発布。この頃になると江戸の町では町人が台頭をはじめ、江戸100万都市の構成が大名・武士と町人とで半々程度になる。1688（元禄元）年、五代将軍徳川綱吉の側用人に柳沢吉保が就任。柳沢吉保はあの赤穂浪士事件で、幕府側のキーパーソンとして暗躍した人物である。江戸の文化も次第に熟していき、元禄期には豪華絢爛の元禄文化が花開いたことは多くの方が知るところであろう。

ざっと三井高利が生きた1600年代の大きな出来事を見てみたが、1600年代は初代家康から五代綱吉まで将軍が5代にわたる期間であり、次第に徳川政権が盤石となり、平和な世の中が到来した時代だった。また経済でいえば、江戸や大坂といった都市部の経済規模が拡大膨張し、大名や武士は江戸に居ながらにして収入、給料が手に入るという俸禄制に変わっていった（それまでは地方石高制だった）。さらに参勤交代が大名に義務付けられ、その制度化によって地方と江戸の経済が交流し流通経済圏が拡大、東回り・西回り航路の整備、貨幣の統一化が図られた。それに加え、特に1600年代後半から、江戸の社会は大名、武家中心の社会から、町人も経済活動に参画し始めた期間である。

このような時期に三井高利は生を受け、73年の生涯を閉じるまで一大企業集団をつくり上げていくのである。

幼年期から青年期、三井越後屋開業前の高利

三井高利は1622年、現在の三重県松阪市の裕福な商家の四男として誕生した。三井家はもともと武家であったが、高利の祖父高安の時代に武士を捨てた。高安の息子で高俊（高利の父）は商売の道に入り、酒や味噌を扱い、加えて質屋も営んでいたという。松阪市は当時伊勢といい、伊勢商人が活躍する地域であった。この地域は伊勢神宮の諸国からの参拝客が集まってくるため、商人たちはさまざまな地域の情報に詳しく伊勢商人は新しいもの好きであったようだ。日本には商業の集積地がいくつか存在するが、近江、甲州、大坂などと並んで、伊勢も日本を代表する商業集積地であった。

父の高俊は、どうも商売には身が入らず、蓮歌、俳諧などの文化に熱を入れていたという。商売人としてはどうやら失格であったようである。高利の母は殊法といい、夫高俊とは打って変わって、商売熱心で商売上手な頭のよい女性だったようだ。また顧客に対する奉仕精神も高かった。高俊と殊法との間には、男4人、女4人の計8人の子どもがおり、高利は末っ子だった。殊法の実家は富豪で、北畠氏や織田氏といった大名家相手に商いをしていたほどである。三井

三井高利夫妻像。（写真：三井広報委員会）

家に嫁入りした殊法は、金貸しや質屋にも力を注ぎ、金もうけに勤しんだ。また物販でも自ら接客を行うほどで、高利は幼き頃からこの母のホスピタリティ精神と優れた商才を否応なく目の当たりにしていたに違いない。高利にはよき教師であった。殊法は当時ではめずらしく、87歳の長寿を全うしたといわれる。

さて高利14歳のとき、一番上の兄俊次が営む江戸の小間物店を手伝うべく江戸に出た。やがて俊次は、当時成長産業だった呉服業にも手を伸ばす。俊次の江戸の呉服店は繁盛し、反物を仕入れるために京都にも店を構えた。呉服店の成功で俊次は大名貸しにも商売の幅を広げていく。俊次は、高利の商才にも助けられ、江戸で複数の呉服店を有するに至り、高利はその一店舗、四丁目店の経営を任せられた。高利は大変商売上手だったため店は栄えたが、長兄俊次は高利に脅威を感じるようになる。

折しも、老母殊法の面倒を見ていた次兄の重俊が、1649（慶安2）年若くして亡くなってしまう。高利の才能を恐れていた俊次は、いい機会とばかり、高利を老母の面倒を見るという名目で実家のある松阪へ追いやってしまう。なお俊次は1673（延宝元）年66歳にして帰らぬ人となっている。

高利がついに江戸へ出店、大成功へ

老母の世話をするため松阪に帰った高利は、実家の松阪の商売を切り盛りするが、実家の店はあくまでも長兄の持ち物だったため、商売の充実感を感じることができなかった。そこで1652（承応2）年、高利は自身で金融業と米穀売買を始めることにした。金融業の貸付先は武家、農家であった。

高利は1667（寛文7）年に長男高平を、翌年に次男高富を、高利の長兄俊次の江戸の店に奉公に出し、手伝わせている。

高利52歳のとき、いよいよ自分の店の江戸での開業を決意する。当時の平均寿命が40歳といわれているから、52歳からのスタートはあまりに遅咲きの出立であった。現代でいえば80～90歳くらいの人が新たに商売を始めるという感覚ではなかっただろうか。これが「三井越後屋」の誕生である。

ちなみに「越後屋」という商号は、高利の祖父の高安が武士だったとき、越後守と名乗っていたのでそこから頂戴したとされる。店は日本橋1丁目、現在の日本銀行新館あたりに出した。開店当時の江戸の商業中心地は、現在の日本銀行本店近くの常盤橋から馬喰町まで続く、日本橋大伝馬町を貫く通りだったそうである。当時この通りに大店がずらり並んでいたという。今この地に行って江戸時代の光景を想像してみると、開店時の高利の興奮がまざまざと甦ってくるような気がする。

さて高利が江戸で始めた店には、当時としては商法のたくさんの「初めて」が詰まっている。そのビジネスモデルはどのようなものだったか。

まず呉服小売商人への卸事業である。卸事業は多くの商人に呉服を卸すため、三井越後屋の収益を支えた。三井越後屋は小売をメインにしていたが、売れ残り商品がどうしても出る。この売れ残った商品を小売商人に卸すことにより、売れ残り商品を安定的にさばくことが可能になった。

次に三井越後屋の小売事業にはこれまでにない特徴があった。

従来の商売のやりかたは大きな商家や大名屋敷、武家屋敷への屋敷売りという外商が主流だった。しかも顧客からの代金回収は年2回の掛売である。掛売は代金を回収するまで手元資金の回転率を低下させるため、資金が有効に回らないのだ。また販売価格を値切られることもあった。

高利が三井越後屋を開業したころの江戸は町人が台頭してきた時代である。これをビジネスチャンスと捉えた高利は「店前売り」という店頭販売を、伊豆蔵方という親類の商売を模倣し、編み出した。大商家や大名など富裕層相手の外商から店頭販売への転換は、ターゲット、販売方法がまったく真逆となる。

　そして顧客からの代金回収は現金決済とし、定価販売という当時では画期的なものにした。現金決済によって回収不可能になる可能性は低くなるし、反物の仕入れは掛けでの仕入れだったので、現金決済による代金回収販売は、資金に余裕を生み、回転率を高めることに貢献する。「定価販売・掛け値なし」という商法で、大名に値切られていた商売をやめ、正札どおりの販売にしたのである。

　また店前売りに加え、反物の売り方も「切り売り」という売り方に変更した。それまでは反物の1反売りが常識だったが大変高価になる。これを切り売りにすることによって、反物を庶民や江戸近郊の農民にも買いやすく

江戸時代の三井越後屋。（写真：江戸東京博物館）

し、反物を馴染み深いというポジションの商品に変えていった。

最後に短期間の仕立て売りも導入した。今でいうオーダーメードの着物である。

これらが三井高利が親戚の商売を参考に編み出したビジネスモデルの特徴である。

店前売りの商法は、今でいえば一般消費者層への低価格・現金商売である。つまり一品一品の利幅は薄いが、大量に販売することで利益を得る薄利多売型の商売である。

ここで思い出してほしい。戦後の総合スーパー、ダイエーの創業者である中内功氏が「主婦の店ダイエー」を開業したとき、いいものを安く国民に提供するという理念を持って臨んだことは有名な話だが、その300年前に高利が基本は同じ商売を始めていたのである。

高利のビジネスを支えた仕組みとは

三井高利は画期的な商法を支える数々の仕組みを構築した。その仕組みを見てみよう。

第一は販売促進のための広告戦略である。「現金安値販売・掛け値なし」の看板(広告)をかけ、江戸の民の目を引くことに気配りした。この効果は絶大だったようである。商標には「井桁に三」を制定した。この商標は三井越後屋のブランドになり、三井越後屋の信用の醸成に大いに貢献した。

第二に、オーダーメードを時間をかけずに実現するため、店内にそのための職人を置いた。

このように従業員の分業制を敷いたのも大きな特徴である。また店員も相当の数をそろえ、店頭に来る顧客1人1人に担当がついたという。これは自分が担当する顧客が来店するとすぐに担当の客のところに飛んでいき接客するという、顧客奉仕の精神の徹底である。

第三は、符牒といういわば暗号のようなものを制定したことだ。1は「イ」、2は「セ」、3は「マ」、4は「ツ」、5は「サ」、6は「カ」、7は「エ」、8は「チ」、9は「ウ」、10は「シ」という具合である。これによって商品仕入れや販売の帳簿にはこの符牒が使われるようになった。仕入れ値や販売額など商売上の秘密を守ったのである。

第四に高利が江戸進出に備えて自ら制定したといわれる内部規則がある。主だった項目を次に紹介しよう。

まず江戸幕府が制定した法度を絶対守れということである。法に外れた商売は店の信用を失墜させることにつながる。店員に対しては、勝負事には手を出してはいけない、昼夜は勝手に外出してはいけない、酒を飲みすぎてはいけないといっている。従業員に対する行動管理・健康管理であり、従業員をきちんと管理することによって、顧客からの信用を得るように努めた証左である。

さらに従業員のモチベーション向上策も考えていた。手代などが仕事に精を出し、成果を上げた場合はボーナスを出すともいっている。若い店員でも有能であれば地位を引き上げることも謳っている。当時から報奨を与えるなど従業員のモチベーションを上げるような工夫をしているのだ。

内部規則にはさまざまな行動規範もある。手代には親戚に商品の掛売をしてはならず、手代同士で喧嘩をしてはならないといっている。もし喧嘩をした場合は店を追い出すとも。店員が着用する服にも制約を加えている。奢侈な着物を着るのは禁止。木綿の着物と木綿の帯の着用を命じている。店員が贅沢な着物を着ていたら顧客はどう思うか、そこを考慮しての戒めである。

店の商品がなくなったときは支配人が弁償すること。知人からの金銭借用の禁止。丁稚（子ども）の博打、遊女との遊びは禁止。丁稚が悪友と遊ぶようなったら追放。手代は月に3回反省会を開くことも決めている。

また従業員と顧客との自由交渉に制限を加え、店の顧客対応が従業員ごとにまちまちにならないように、つまり均一になるように決めている。商品管理に関しては、時季にあわなくなった商品、とくに店に出してから1か月経過した商品は赤字が出ても早期に売り切ること。不良品があった場合はすぐさま処分すること。今でこそ当たり前になった商品の返品についても認めるように定めている。

これら社内規則ともいうべき内規をみると、現代企業の内規とあまり差がないように感じる。特に感心するのは商品の流行性を考えていたことであり、ファッション業界の基本を押さえているように見える。高利の考えた規則は今でも十分に通用する。高利の商売人（企業経営者）

としての抜群の才能に納得せざるを得ない。

両替商としての三井越後屋は銀行業の開祖

もう一つ、呉服店という事業のほかに三井越後屋が行った重要な事業が両替商（金融業）である。

高利は62歳のときに両替商を開始したという。三井銀行（現在の三井住友銀行）の前身となる事業である。江戸時代貨幣制度は現代のように全国津々浦々均一貨幣が使われるというわけではなかった。当時、流通していた貨幣は金貨、銀貨、銭の3種類であり、全国共通の貨幣は銭だけであった。銀貨は上方で、金貨は江戸で流通していた。つまり上方と江戸の間で物の売り買いをする場合は、銀貨と金貨の交換レートがいくらになるかという問題が付きまとったわけだ。

江戸時代の呉服店は商品の仕入れは京都や大坂から行っていたため、否応なく金銀の交換レートには日々注意を向けざるを得なかった。このため三井越後屋など、江戸時代の呉服店は両替商を兼営するところが多かった。なぜか。京都や大坂など上方から仕入れを行うと、江戸から上方への代金支払いは、現金で送らず為替を利用する。為替取引の当時の仕組みは以下のようなものだ。

日本橋三越呉服店。（写真：日本橋三越呉服店の戦前絵葉書）

まず江戸の商人が上方の業者から商品を仕入れる。江戸の商人は上方の業者に代金を払わなければならない。江戸の商人は両替商へ行き、現金を渡して為替手形（支払い依頼証書）を発行してもらい、それを上方業者に送る。上方業者はその手形を大坂の両替商に持ち込み現金化する。現金輸送のリスクがなくなるわけだ。

たとえば幕府や江戸在住の大名は各領土の産物を上方で売りさばくので、上方から代金を回収する。また大名たちの中には上方の商家から借金をして上方の商家から資金を調達することもある。つまり2つの逆の関係では、為替手形を使えば、実際に現金を輸送することなく、江戸と上方との金銀の受け渡し（資金決済）ができるのだ。この為替手形による資金決済を両替商が行うのである。

三井越後屋が外部の両替商に依頼した場合は、手数料を取られることになる。商いが大きくなればなるほど金額が大きくなるから、三井越後屋が両替商に支払う手数料も膨らむ。このため三井越後屋は両替商も兼業したのである。

当時の両替商は為替手形の取り扱いのほか、預金、貸付、金銀の両替など幅広く行っており、現在の銀行業の礎になっているのである。

三井高利の晩年と遺訓となった宗竺遺書

1694（元禄7）年、三井高利は73年の生涯を閉じる。生前高利は子どもたちを集めて、遺言として「兄弟一致」つまり一族が一致団結して事業の発展を目指すようにと言い残した。まるで毛利元就の「三本の矢」の教えのようだ。高利が亡くなった73歳の年齢は現代の感覚でいえば100歳まで生きたというところだろう。その高利の遺志を受け継いだ高利の長男高平が1722（享保7）年、父高利の遺志を宗竺（そうちく）遺書にまとめた。ちなみに宗竺とは高平の法名である。

三井家は高利の死後、三井十一家により構成され、三井グループ全体を盛り上げていった。高利の長男の子孫が受け継いだ北家（惣領家）、高利の次男の子孫が受け継いだ伊皿子家、高

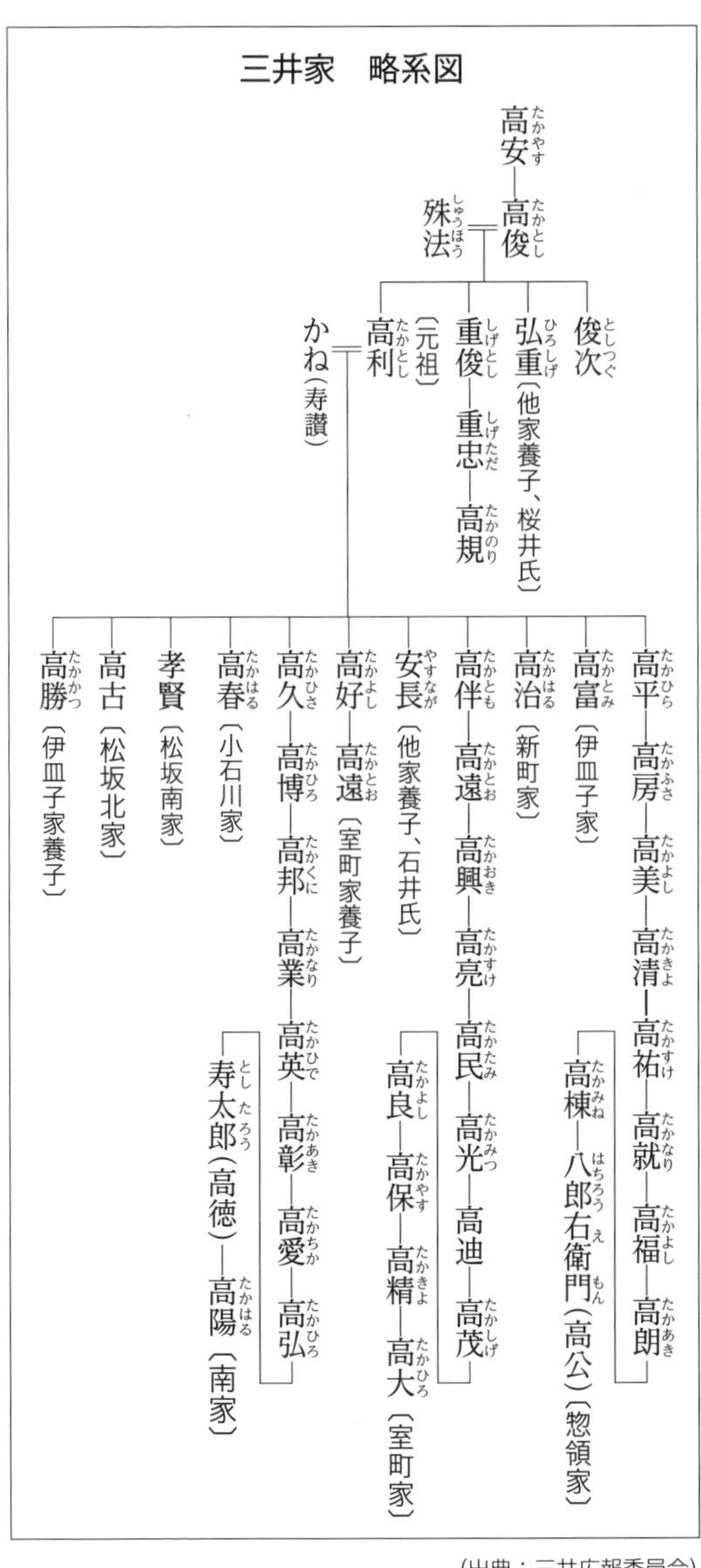

（出典：三井広報委員会）

利の三男の子孫が受け継いだ新町家、高利の四男子孫が受け継いだ室町家、高利の六男の子孫が受け継いだ南家、高利の七男の子孫が受け継いだ小石川家、この六家が本家である。三井の血をひく明治の女性実業家で教育者、女傑と呼ばれた広岡浅子は小石川家の出身である。

一方、高利の長女夫婦の子孫が受け継いだ松阪家、高利の五男の長女夫婦の子孫が受け継い

宗竺遺書（三井家憲）

一、同族の範囲を拡大してはならない。同族の範囲は本家と連家に限定せよ、そうしないと争い事が生じる（同族による骨肉の争いが起きないようにくさびをうった遺言である）。

一、結婚、負債、債務保証については同族での協議を経て決めること。

一、毎年の収入の一定額を積立金として、その残りを同族各家に定率に応じて配分すること。

一、人は一生働かねばならない。理由なく隠居し安逸を貪ってはいけない。

一、大名への貸付はしてはならない。大名貸しの回収は困難で、腐れ縁を結んでだんだん深くなると最後には三井家が沈没する憂き目にあう。もうしどうしても貸さねばならない場合は少額を貸すにとどめて、回収は期待しないほうがよい。

一、商売には見切りが大切である。一時の損失があっても他日の大損失を被るよりはましである（つまりいったん商売がうまくいかないと考えたらだらだらと続けず、埋没コストを損切りせよということだ）。

一、他人を率いる者は業務に精通していなくてはならない。そのためには同族の子弟は丁稚小僧から仕事を見習わせて、習熟するように教育しなければならない。

だ永坂町家、高利の長男の妻の実家である小野田家、高利の四女の子孫が受け継いだ長井家、そして北家の三代目の長女の子孫が受け継いだ家原家がある。この五家は連家といわれる。

宗竺遺書の教えは国でいえば憲法のごとく、この三井十一家に継承されていく。

三井広報委員会のホームページに宗竺遺書現代語訳が掲示されている。宗竺遺書の中身の主な項目を右に示す。

この宗竺遺書は三井家に代々継承され、１９００（明治33）年、１０９条からなる三井家憲として発展した。


三井高利の生涯とその商売道を見てきたが、たとえ高利がそう考えたわけでなくても、彼のやり方は現代のビジネスに通じるものがある。それは販売戦略であり、販売促進戦略であり、マーケティング戦略である。最初、高利は親戚の商売を見倣って始めたといったが、はじめは模倣であっても発展させたのは高利である。三井高利というビジネスの巨人をより多くの方々に知っていただきたいと願う。

まとめ

●三井高利の考えた商法は現代でも十分通用する。時代の流れ、江戸の人口構造の変化を読みとり、メインターゲットを富裕層から市井の消費者に変えていったことなど。

●高利は、消費者が進んでお金を支払うにはどうしたらよいか（willing to pay）という視点から、ビジネスモデルを構築していった。ターゲットが自らお金を支払ってくれるにはどうしたらよいかという視点からビジネスは考えるべきである。

●富裕では決してない顧客層が、進んで商品を買ってくれるためにはどういう販売戦術がよいか。その視点から、定価販売という明朗会計、小分け販売、オーダーメイドなどの商法が編み出された。三井高利のビジネスモデルは、戦略的適合性に合致したものであることがよくわかる。

●高利は、三井越後屋内部の統制にも十分気を配った。まず法令順守、今風にいえばコンプライアンスの遵守を明示している。また従業員に対する詳細な規則を設け、違反した場合の措置もしっかり考えている。一方で従業員が好成績をあげた場合の報償のことも忘れていない。400年も前に現代社会における企業組織の在り方の見本といえるような組織を構築している。ビジネスの分野にあっても歴史から学ぶことは大変多い。

安藤百福

ユニークな発想で
食に革命を起こした天才起業家

安藤百福●あんどう　ももふく　1910（明治43）～2007（平成19）年
日清食品の創業者。いわずと知れたインスタントラーメンの発明者。NHKの連続テレビ小説「まんぷく」の主人公のモデルでもある。「チキンラーメン」の製法特許を公開してインスタントラーメンそのものを普及させる大胆な戦略をとった。容器入りの「カップヌードル」も常識を打ち破る画期的な商品だった。アイデア豊富で食の世界に革命を起こした。

安藤の生い立ちから戦時下の投獄まで

安藤百福は言わずと知れた日清食品創業者であり、その偉業は数々のメディアで報道されている。人気を博したNHKの連続テレビ小説「まんぷく」の主人公のモデルでもある。安藤がどのような人物であり、どのように画期的な商品を開発してきたか、その人生を垣間見るだけでもむだにはならないと思う。

安藤は1910（明治43）年、台湾の嘉義にて生まれた。そして2007（平成19）年に96歳で亡くなるまで、まっしぐらに人生を駆け抜けた人物だ。幼い頃に両親を亡くし、祖父と祖母に育てられたが、その家は裕福であったという。安藤は幼少の頃から料理を作るのが好きだったそうだ。今でこそ男性が台所で料理を作ることは何とも思われないが、太平洋戦争前に料理を作るのが好きという男子は珍しかったのではないか。

かの有名なドラッカーはイノベーションが起こる機会を次のように述べている。理想と現実のギャップを埋める必要性に迫られたとき、産業構造や人口構造が変化してきたとき、新たなプロセス（に潜むニーズ）が生まれたとき、新たな技術や知識が生まれたとき、そして世の中の認識の変化が起きたとき、などである。

「男子厨房に入るべからず」から「男子も積極的に厨房に入るべし」に変わった現代の風潮は、

明らかに世の中の認識の変化があったことを意味する。安藤が食のイノベーションを起こすことができたのは、安藤が子どもの頃から当たり前のように思っていた「男子が厨房に入る」ということに、世の中の認識が追いついたことと関係があるのかもしれない。

さて20代前半になると、安藤は繊維ビジネスを始める。１９３３（昭和８）年、大阪にメリヤス問屋会社を設立する。メリヤスとは今でいうニットのことである。メリヤス事業は一定の成果を収めたようだ。また安藤は、ヒマの葉を餌にして蚕から生糸をとり、ヒマの実からは油を絞って売るという一粒で二度おいしいビジネスも興している。メリヤスとは似ても似つかぬ異分野の事業である。ここからが実業家・安藤百福のスタートである。安藤はさまざまな分野で新規事業を興し、結局「食」に着目し、大成功を収めていく。生まれながらにして起業家精神旺盛な人物だった。

安藤百福。（写真：日清食品グループ）

メリヤス商売に成功した安藤だったが、太平洋戦争中、中国から支給された物資を横流しした疑いをかけられ投獄されてしまう。まったく身に覚えのないことで、ハプニングというしかない。戦時下、憲兵隊の執拗な取り調べは過酷を極めた。安藤は自伝で、「一番辟易したのが食事だった」と述べている。食器は洗われておらず、毎日毎日麦飯と漬物の日々を送ったという。安藤はこのときインスタントラーメンを将来開発しようと考えたわけではないと述べてはいるが、安藤に食への強い思いが生まれたことは間違いないだろう。

敗戦、そしてアイデア豊かな事業家へ

1945(昭和20)年日本は敗戦を迎えた。いうまでもなく敗戦直後の日本では食料がなく、国民は食料に飢えていた。ここで安藤は食の尊さに気づく。そして食品事業に足を踏み入れる。まず取り組んだのは製塩業である。敗戦後、大坂の泉大津にて製塩業を始めた。まったくの素人が始めたのだ。しかも製法は独自で開発したものだったらしい。最初は失敗をするが最後には製塩に成功し、漁船を2艘買って鰯漁もしたという。

また高栄養の食品の開発を目指し、食用カエルから栄養分を抽出しようと試みるが、カエルを圧力鍋で沸騰させているうちに、鍋が爆発して肉片が飛び散ってしまった。失敗である。しかし、懲りない。次は牛や豚の骨から栄養分を抽出することを試み、成功する。この抽出成分を「ビセイクル」と名づけて事業化した。ビセイクルはペースト状でパンに塗って食すものだった。骨髄成分を抽出したものだから、たんぱく質、脂質、ビタミン、ミネラルが豊富だったに違いない。厚生省からその品質の高さを評価され、一部病院にも納入されたというから驚く。

この後、信用組合の理事長を引き受けたり、現在の日清食品につながるラーメン事業を興したりと、次から次へ新規分野の事業化に乗り出す。安藤がアイデアの発想から事業化（商業化）までのプロセスを明確に理解していたどうかはわからないが、事業化にまでこぎ着けることは大変なことだ。アイデア発想から事業化までの確率がいかに低いかを理論的に説明しよう。

まずアイデアの創出作業だ。いくつものアイデアを候補としてひねり出し、数あるアイデアの中から有望でモノになりそうなテーマを決めるのが第1段階だ。テーマが決まったら第2段階として選定されたアイデアをさらに精査し絞り込んでいき、最終的に1つか2つに絞る。この絞り込みには相当きめ細かい市場調査が必要だ。そして第3段階として、絞り込まれた1つ、2つのテーマについて試行錯誤を繰り返し実験を重ねて、試作品を作ってみる。もちろんここで失敗、断念するケースもある。第4段階では、仮に試作品が首尾よくできても、量産技術を確立し、量産できる態勢にしなければならない。最後の第5段階は事業化への挑戦だ。事業化までこぎ着けられるかどうかは、品質にばらつきがないか、消費者が手に取ってくれるお手頃な価格になっているのかどうか、安定した販売数量確保にめどがつけられるのかなど、ビジネスの基本をクリアできるかどうかである。

このように事業化までの道のりは数多くの段階をすべてクリアして初めて実現できる。困難で険しい道である。安藤も計算に計算を重ね、この商品だったらいけそうかどうか判断しながら行動していたと思うが、よくぞ成功したというのが筆者の正直な実感である。

信用組合の破綻から失敗のマネジメントを学ぶ

戦中、国の物資を横流ししたという疑いで投獄されたことは前述したが、戦後すぐ二度目の投獄を経験する。その当時、昼は安藤のもとで働き、夜は学校で学ぶ勤労学生に、安藤は奨学金(現在は非課税)を配付していた。ところが、GHQからこの奨学金の資金が所得とみなされ、所得税を支払っていない、つまり脱税容疑をかけられ、軍事裁判により有罪となり4年間の重労働という実刑に服したのだ。敗戦後はGHQの方針で税金は厳しく取り立てろという指示を日本政府が受けており、そのとばっちりを安藤も受けたことになる。

その後、今度は大阪財務局から売上金の過小申告を指摘され、自宅などの資産を差し押さえられてしまう。安藤はこの処分の取り消しを求めて提訴する。裁判途中で、税務当局から訴えを取り下げれば即時釈放という取引を持ちかけられ、訴えを取り下げた。

シャバに出た安藤はまたゼロから起業家としての道を模索し始めた。逮捕前にやっていた事業はすべて清算していたからだ。そうこうするうち、安藤は知人から信用組合の理事長に就いてほしいと要請される。当然金融に関してはずぶの素人である。しかしここが安藤のすごさというか器が大きいというか、信用組合の理事長を引き受けてしまう。最初は預金も順調に集まり、経営も軌道に乗っていたようだが、いかんせん理事長はじめ従業員も金融の素人である。

このため多額の資金を貸し付けて焦げ付きを発生させてしまい、信用組合は経営破たんした。
このときの安藤の言葉がある。

「失ったのは財産だけだ。この失敗の経験が血となり肉となる」

失敗の経験は無形資産だ。失敗は次なる事業のための有益な資産になる。失敗すれば自分の能力の限界、自社のリソースの限界を知ることができる。この足りない部分を今後は補完・強化して臨めばいいのだと、安藤はいう。第二に失敗の経験からは新たな知見、ノウハウが蓄積される。「下手な鉄砲も数うちゃ当たる」といわれるが、実験をたくさんし、失敗を繰り返していくうちに今までなかった知見やノウハウが蓄積できるのだ、と。

失敗は事業経営にとって、大変貴重な資産となる。このような失敗を経営資源としてとらえ、経営に活かしていくことを失敗のマネジメントというが、安藤も失敗を糧にその後の事業を手掛けていったのだろう。

47歳でインスタントラーメン開発に着手

信用組合に失敗した安藤は、次にラーメンという大衆食に目をつけた。

ラーメンはいまやカレーライス、とんかつなどと並んで日本人のソールフードである。ラーメンが日本に紹介されたのがいつ頃かは諸説あるが、一説に水戸徳川家二代藩主の徳川光圀公が、中国から来ていた儒学者の朱瞬水に作ってもらい、食したのが日本人初のラーメン体験であったとある。その後日本でラーメンが広く広まるのは明治以降である。

安藤がラーメン製造に着手したのは1957(昭和32)年、47歳のときである。47歳から新規事業を始めるということは大変なことだ。千葉県の佐原出身の伊能忠敬が徳川幕府の命を受けて、日本地図の作成に着手したのが56歳、伊能忠敬の開始年齢には及ばないものの新しいことを始めるのに年齢は関係ないとつくづく思う。

ラーメンといっても目指すのはいつでも誰でも気軽に食べられるインスタントラーメンである。安藤はインスタントラーメンの開発にあたって、5つの目標を打ち立てた。

1 飽きのこない味のラーメンにすること
2 家庭の台所に常備できるような保存性に優れたラーメンであること
3 調理に手間がかからないこと
4 値段が安いこと
5 安全、衛生的なものであること

この目標は大変わかりやすく、おおいに納得がいく。

成功の鍵は油熱乾燥法にあった

安藤はラーメン開発当初、麺自体にスープを含浸させようと四苦八苦した。しかしうまくいかない。麺が粘ついて湿った状態が続いた。どうしたら乾燥した麺を作れるか、試行錯誤を繰り返した。安藤は保存が利く麺の乾燥と利便性という特徴にこだわった。利便性とは具体的には、お湯を注ぐだけでラーメンができるということだ。乾燥については油熱による乾燥にこだわった。

ある日、安藤の妻が夕食の準備をしていた。その日のおかずはてんぷらだった。横で何気なく妻の料理を見ていた安藤は、はたと思いついた。てんぷらの衣を油の中に入れると次第に浮いてくるが、てんぷらにはところどころ気泡ができている。麺も同様で高温の油の中に入れると、水分が出てそのあとに多くの穴ができる。この状態の麺にお湯を注げばお湯は穴から吸収される。このようなふとした、まったく無関係の偶然が成功につながる事例は結構あるのだ。

例えばトヨタ自動車のジャストインタイムは、大野耐一という副社長が米国視察した折り、スーパーのバックヤードから品切れになった商品を素早く運び、店先に品切れを防ぐようにしていたのを見て流用した。また回転ずしのアイデアは、元禄寿司の創業者の白川義則という人物がビール工場を見学した際、高速で動くビール瓶にビールが充填されるのを見て、アイデアが浮かんだそうだ。ゼロから新規なことを考えることはなかなか難しい。イノベーションは往々にして異分野で起きている現象や流行りの事象を取り入れることから始まる場合がある。てんぷらを揚げるということから乾燥麵の作り方を思いつくのもまったく同様のことである。

スープの味はチキン味にした。なぜチキン味かというと、チキンの味は身近であり、チキンを食すことを禁じている国はないからだという。これに対し、牛肉であればヒンズー教徒は食さないし、豚肉はイスラム教徒が食さないからだ。

チキンラーメンの成功でインスタントラーメンが確立

チキンラーメンは1958（昭和33）年に誕生した。お湯をかけて2分待てばラーメンができるというのが最大の特徴であった（当初は2分、後に3分が推奨時間になる）。値段は85グラムで35円、うどん玉が6円、乾麵でも25円だったので、相当高い商品であった。運よく大阪梅田の阪急百貨店で試食販売の話があり、試食販売に用意した数量は瞬く間に売り切った。

安藤は次に問屋へ現金決済によって販売しようと企てた。当時は2～3か月の手形決済が当たり前だったので、現金販売という新たなシステムは画期的であった。「主食である米が現金販売ならチキンラーメンも主食なので現金販売でもおかしくない」というのが安藤の言い分である。多くの問屋からは「現金決済などけしからん」と反発を受けたが、ある問屋がチキンラーメンの人気と商品の有望さを知り納入を決めると、現金決済を受け入れる問屋が相次いだ。

　時代の大きな変化もチキンラーメンの販売に追い風となった。第一にスーパーマーケットの登場だ。中内功の始めた「主婦の店ダイエー」が、同じ１９５８年にオープンし、大量仕入れ、大量安価販売を始めたことに代表されるように、スーパーマーケットが日本にも登場したのだ。これにより販売ルートの多様化が可能になった。第二の時代の変化はテレビ放送の出現である。１９５３（昭和28）年にテレビ放送がスタートし、チキンラーメンもＣＭで流れたことが、消費者の心を大きく動かした。第三は当時の日本経済が高度成長期にあったことだ。商品の値段が多少高かろうとも消費者は躊躇なく購入したのである。

1958（昭和33）年発売当時のチキンラーメン。（写真：日清食品グループ）

　このように、商品を世に出す時期、時代がどのような状況にあるかを知ること、タイミングがいかに重要であるかがわかる。商品の開発・発売は時代のニーズより一歩先では早すぎる、半歩先にするのが鉄則だとよくいわれるが、チキンラーメンの登場はまさに時機を得たものであったといえよう。

　チキンラーメンが世の中に浸透し始めると、今度は類似品が続々と現れた。チキンラーメンというネーミングや包装紙のそっくりさんが世にはびこった。そこで安藤は商標登録権や意匠権で、チキンラーメンの名称やデザインを権利化した。

またインスタントラーメンの製法に酷似した類似品が横行したが、その多くは粗悪品だった。チキンラーメンの製法特許は取得ずみだったが、安藤はここで思い切った行動をとる。製法特許の使用許諾を無料で競合会社に許可し、インスタントラーメンの普及を促進することを選んだのである。一社独占ではなく「良き競争者」を増やす戦略である。

ビデオにおけるかつての「ベータ」vs.「VHS」や、DVDの「ブルーレイ」vs.「HD」記憶媒体の規格争いを想起してほしい。VHSやブルーレイの陣営の企業は競争以前、つまりデファクトスタンダードを確立するまでは協力して「良き仲間」を増やそうとし、いったん商品が業界標準になるや否やVHSやブルーレイの陣営内企業間での競争が始まった。つまりインスタントラーメンが世の中に認知されるまで、安藤は特許の使用許諾をしてまでも良き競争者を増やし、認知されれば良き競争者間の競争が始まるという構図である。1964（昭和39）年には56社が加盟する社団法人日本ラーメン工業協会が設立され、安藤が理事長に就任した。

世界の革新的商品、カップラーメン誕生へ

安藤は次にカップラーメンの開発を手がけることになる。欧米への視察旅行の際に、それま

での常識を打ち破る商品「カップヌードル」発想のヒントを得たのだ。

ロサンジェルスのスーパーにチキンラーメンを売り込みに行ったときのことだ。バイヤーたちは紙コップにチキンラーメンを2つに割って入れ、お湯を注いだあとフォークで食べていたのだ。これを見たとき、カップラーメンのヒントが芽生えたという。天才と凡人の違いがここで出てくる。天才はちょっとした事象も見逃さず、しかもそこからの思いつきを形にしてしまう。普通の人間も普段から行動観察をしていれば、グッドアイデアを思いつくのであろうが、形にまでできるかどうか。

こうしてカップラーメンの開発が始まったが、開発の成功まではさまざまな紆余曲折があった。容器の素材には、発砲スチロールに目をつけた。しかし発泡スチロールの当時の用途は魚を入れる箱くらいで、厚みもあった。片手で食せるというニーズには到底応えられず、また発砲スチロール（ポリスチレン）には独特の異臭があった。このため厚みを2・1ミリメートルまで薄くし、臭いもない容器が開発された。発泡スチロールの異臭は熱を加えると消えることがわかり、容器に熱い蒸気を吹きつける製法で解決できたのである。

麺の容器（カップ）への詰め方にも工夫が必要だった。麺を3分で上下均一にゆでることができるように、麺の絡ませ方に違いを出した。容器の上部の麺の絡ませ方は密に、下部は粗くした。これで麺の柔らかさが均一に仕上がる。麺を容器に入れる方法も、発想がユニークで画期的だった。カップラーメンの容器を思い出してほしい。上部にいけば直径は大きくなり、下部は細くスリムな形状になっている。この容器に上から麺をすぽんと入れると麺はいびつになったり、傾いてしまい、まっすぐ平らに入らないことがたびたび起こる。安藤はこの麺の充塡の仕方に悩んだ。そしてある夜寝ていると天井がぐるぐる回る光景に出くわしたという。ここで安藤はひらめいた。麺を固定させておき、カップを上下逆にして麺にカップをかぶせれば、麺が傾いたりせずまっすぐ入ることを発見したのだ。

アイデア発想法の中に、オズボーンのチェックリスト法というものがある。アイデアを発想するには「転用」「応用」「変更」「拡大」「縮小」「代用」「置換」「逆転」「統合」の9つがあるという考え方だ。ちなみにオズボーンは、あのブレーンストーミングを考案した人物である。オズボーンのチェックリストの中に、「逆転」というものがある。まさに上下を逆さまにするというものだ。安藤の麺の充塡方法は図らずも「逆転」に該当する。麺はカップの中に隙間なく入っていることも想起していただきたい。麺はがっちりカップの中に隙間なく収まっている。これは輸送上の安定性を考慮したためである。隙間なく麺をカップに入れることで、カップは破損することなく強度を保てるのだ。

カップヌードルの断面。（写真：日清食品グループ）

カップラーメンのふたの裏にはアルミ箔を貼った。これは米国製のマカデミアナッツの容器の裏に銀紙が貼られていることを安藤が思い出し、それを応用したものだ。安藤がオズボーンの発想法を意識していたかどうかはわからないが、発想は単なる思いつきではなく、理屈に合った発想法が有効であることを示している。

具にはフリーズドライの海老や野菜を採用した。フリーズドライは食品を新鮮なまま瞬間乾燥させるもので今や当たり前の製法だが、当時は画期的であった。

販売方法にも工夫を凝らした。マクドナルドのハンバーガーやソニーのウォークマンにも当てはまるが、商品の実際の使用シーンを消費者に見せることにしたのだ。マクドナルドのハンバーガーは銀座で若者が歩きながら食べているし、ソニーのウォークマンは若者が身につけて歩きながら音楽を聴いているシーンが使われた。カップラーメンのＣＭも銀座の歩行者天国で、若者が片手に容器を持ちながら食べているシーンが強調された。

いずれの商品も若者を意識したプロモーション戦略であると思うが、実際の食べ方や使い方を消費者に見せることは大変有効であった。自販機販売もカップラーメンが当初から採用したものだ。しかもお湯が出る自販機である。設置第一号は日本経済新聞社の本社だったそうだ。カップラーメンを自動販売機で販売するという発想は当時としては大変画期的であったと思う。何から何まで革新的なカップラーメンは構築的革新の好例である。つまり海外需要というそれまで消費のなかった市場を数々のイノベーティブな技術を駆って開拓したからだ。

さらに、カップラーメンを全国的に広めた意外な大事件があった。1972（昭和47）年の浅間山荘事件である。連合赤軍が人質をとって、ある企業の山荘を占拠した事件だ。機動隊が山荘を包囲し、人質の救出、連合赤軍の犯人逮捕に備えていたが、そのとき機動隊員に配られた食事はおにぎりであった。しかし極寒の中、おにぎりはこちこちに固まってしまう。そこでカップラーメンに目をつけ、機動隊員に配ったのだ。熱い麺をすする光景はテレビで大々的に放送されて、カップラーメンは瞬く間に日本国中に知れわたることになった。

世界に冠たる日清食品の今後の課題は何か

カップラーメン大成功のあと、安藤はカップライスという商品の開発、発売を敢行した。政府から大量の古古米があり、お湯をかけて食べられるようにならないかと相談を持ち込まれたからだ。安藤は専用工場を建設し、カップライスの量産に臨んだが、結局この事業は失敗し、撤退した。社内ではもう少しやってみたほうがいいのではないか、という意見もあったが、安藤は早々に撤退を決めた。価格が高すぎたこと、米は家で炊けばすむことが理由だった。サラリーマン社長の会社であったらずるずると事業を続行し、バブル崩壊後の金融機関の不良債権のごとく大変な事態になっていたかもしれない。本件は、オーナー企業ではトップの正しい、しかもスピーディな判断が好結果を生むという好例である。

新規事業がうまく運ばない場合は、それまで事業に費やしたコスト（埋没費用）にさっさと見切りをつけ、撤退する勇気が必要だ。事業の撤退は、始めることよりも難しいというが、多くの企業もこの埋没費用を回収しなくてならないという思いが強く、なかなか撤退の決断ができない。しかし、筆者はこのときの経験は今の日清食品の製品に活きていると思う。いまやご飯に味をつけたさまざまなカップ商品が店頭に並んでいるが、これらの商品の基礎となっているのがカップライスだと思うからだ。

安藤は生前、宇宙食の開発にも成功した。絵に描いたような成功物語である。カップラーメンは今や世界食になった。一方でアジアを中心に参入企業も相次いでいる。日清食品の次なる手は何か、事業は成功すればするほど、その成功に浸ってしまい、そこからの脱皮がなかなかできない。イノベーションのジレンマという現象である。よく成功している企業の経営者がいう言葉に、「わが社の敵はわが社である」、「わが社の既存ヒット商品の敵はその商品である」というものがある。日清食品の次なるカップラーメンに次ぐ大ヒット商品は何になるのであろうか。革新的企業への期待はますます深まる。

安藤が残した名言の一つを記しておこう。

「素人の発想が正しくないこともある。素人だから常識を超えた発想ができる」

まとめ

- 何事も新しく事を始めるにあたって、年齢は関係ない。やりきる意欲、信念、そして健康な身体があれば人間、何事にも挑戦できる。
- 新しい事業の場合、一度失敗するともう諦めてしまいがちだが、それではだめで、何度もトライ&エラーを繰り返すことが重要である。要は失敗の中から、必然的な成功が生まれることがあるからだ。
- 失敗は大変有効な経営資源であることを忘れてはならない。とかく失敗した経験は忘れてしまいたいものだが、失敗経験は必ず記憶（記録）し、次の経験のときに参考にすべきである。失敗経験を無駄にしてはいけない。
- 新たなアイデアはどこにでもある。発想力のある人間は、一見するとまったく無関係な事象をもつぶさに観察し、転用・応用していく習慣を身につけている。常に周囲にアンテナを張って、ビジネスチャンスを探さねばならない。
- いい商品ができても、それだけで売れるとは限らない。革新的な販売方法や販売促進方法がなければ、商品は売れない。販売戦略、販売促進戦略といい商品の両方がそろってこそ、商品はヒットする。

井深大 と 盛田昭夫

独自の技術で世界を席巻したソニーのリーダーと参謀

井深　大●いぶか　まさる　1908（明治41）～1997（平成9）年
ソニーの創業者。天才発明家ともいわれた技術者であり、決断力のある経営者。戦後の苦難続きのソニーを救ったトランジスタラジオの開発、VTRやカラーテレビの開発には「よその真似をしない」「世の中にないものを創造する」という井深の独創を重んじる技術者精神が生きている。

盛田昭夫●もりた　あきお　1921（大正10）～1999（平成11）年
井深と並ぶソニーのリーダーであり、経営戦略を組み立てる参謀である。ウォークマンの生みの親としても知られる。盛田も技術者出身であり、技術のわかる経営者としての資質は群を抜く。「市場はつくるものだ」という考えのもとに、画期的で売れる製品をつくる「技術のソニー」を育て上げた。

井深大は、ソニー株式会社(創業時は東京通信工業〔株〕、以下ソニー)の創業者である。そして、創業直後に盛田昭夫との運命的な出会いがあり、そこからソニーの「成長神話」が始まる。この二人の並外れた発想、技術力と行動力が、戦後の混沌の中から世界のソニーを育て上げた。ソニーは、テープレコーダー、トランジスタラジオ、ビデオレコーダー、トリニトロン管のカラーテレビ、ウォークマン、プレイステーションなど、世の中を驚かす画期的な商品を世に送り出してきた。2人の型破りな経営論とソニーの成長過程を探れば、経営のヒントが必ずや見つかるに違いない。

井深と盛田の生い立ちと2人の出合い

井深大は1908(明治41)年4月、栃木県日光市に生まれた。実父は2歳のときに亡くなっている。北海道苫小牧市(母方の実家)、祖父の住む愛知県安城市(父方)で幼少期を過ごし、母が日本女子大附属幼稚園に職を得たことから東京に移り住んだ。近所に住む母の友人の夫(野村胡堂)から、のちに創業する東京通信工業(ソニーの前身)の人脈と資金調達で支援を受けている。中学生の頃、母の再婚で、兵庫県神戸市に転居している。

決して恵まれた環境で育ったわけではないが、早稲田大学工学部に進学し、学生時代から多くの特許を取得する天才発明家として、才能を開花させていく。卒業時、写真化学研究所に就職し、その後日本測定器を創業し常務となる。日本測定器は、軍需電子機器の開発を行っており、終戦とともに閉鎖された。終戦で疎開先から東京に戻り、東京通信工業（ソニー）を起業する。1997（平成9）年12月没。享年89歳。

盛田昭夫は1921（大正10）年1月、愛知県名古屋市に生まれる。盛田家は古から続く造り酒屋である。親戚も財界の名家が多い。そのため、何の実績もない東京通信工業に入社することには横槍が入りそうだが、意外に盛田の父は「やってみたいことをやりなさい」と認めてくれたそうである。井深との出合いは、太平洋戦争中、盛田が海軍技術中尉時代にケ号爆弾開発研究会に入り、そこで知り合っている。

1946（昭和21）年、井深とともに設立した東京通信工業の常務となる。井深38歳、盛田25歳。その後のソニーをこの二人がつくり上げていくことになる。盛田は、営業面での功績が大きいが、もともと大阪帝国大学物理学部物理学科卒の技術者である。盛田の人脈が、ソニーの成長には大いに役立った。1999（平成11）年10月没。享年78歳。

ソニーの創成期は苦戦続きだった

井深は、中学生の頃から電気に興味を持ち、電機関連の知識と技術には飛びぬけた才能を持っていた。その知識を活かして戦時中は軍需品の製造に携わっていたが、戦後は、民生用の商品を提供することを最初から考えていた。

戦時中の日本測定器から井深についてきた従業員とともに、東京通信研究所（1946年に東京通信工業、1958年にソニー）を、1945年に設立している。給与を支払うために、当初はラジオの修理と改良を行っていた。メンバー全員が技術屋の集合体なので、独自商品を開発しようと、電気炊飯器、真空管電圧計、楽音音響機などを次々と作ったがどれもそれほど売れなかった。そこで、井深は、

井深大。（写真：株式会社ソニー）

「他社と同じことをやらない。大手のやらない技術の隙間を狙って活動する」と方針を示し、独自商品を生み出していくことになる。

しかし、トランジスタラジオの製造・販売に成功するまでは、官庁向けの販売が多く、民生用の商品提供には時間を要した。井深は、終戦後の混乱の中でのラジオの修理や周波数帯域拡大の受注は、いずれなくなるものと予想していた。新しい商品の開発は必須であった。自らの心に湧き出る独創的なアイデアを早く形にしなければならなかった。

ソニーの創成期、資金面で成長を助けたのは、井深の義父前田多門（元文部大臣）とその人脈、盛田の人脈によるところが大きいが、技術力だけでなく、井深・盛田の人を引きつける魅力が資金調達にも役立ったことを忘れてはならない。

ソニーを成長させた井深の考え方は、世の中にないものを創造すること。新しい製品や技術は、特許権、実用新案権、商標などの知的財産権を取得できる。そして、保護される。井深の戦略は、その保護期間の間に会社を成長させるというものだった。営業面では、盛田が日本国内だけをターゲットにせず、当初から世界に売ることを前提とした戦略を立てた。この二人の人並み外れたリーダーシップが、ソニーを世界的企業へ成長させたのである。

日本初のテープレコーダーの製造・販売

1950（昭和25）年、東京通信工業（ソニー）は日本初のテープレコーダーを製造、販売を開始した。この画期的な商品が開発されたのは、井深の、

「よその真似をしない、よそのできないことをやろう」

という合言葉を全従業員が実現した結果である。

井深、盛田2人も自身の「得意分野を伸ばす」方針で、当然開発に加わっている。テープレコーダーの成功が、技術力のソニーの原点になった。

テープレコーダーの基礎技術はソニーが開発したものではない。ドイツでワイヤー（鋼線）を使った録音技術として発明されている。ワイヤーレコーダーといい、鋼線による磁気記録装置である。その後、アメリカで主に軍需用として実用化されたが、日本にその製造過程の情報はまったくなかった。民生用として開発するには、大きさ、重さ、価格、操作性、耐久性等さまざまな問題をクリアしなければならない。決して簡単なことではなかった。

テープレコーダーの開発は、まずテープの開発から始まった。ワイヤースティールに磁気記録したのでは効率も音質も悪かったからである。ワイヤーを使った米軍のテープレコーダーを真似しても、民生用の製品にはならない。すでにある技術を応用し、そこにまったく新しい発想を組み合わせることで、ようやく目指す製品ができるのだ。

まずは、基本的な特許権を使用する許諾を取った。この特許の購入は高額で、資金調達に苦労している。次に、テープの素材を見つけるため、耐久性のある紙に磁性粉を塗る実験を繰り返した。磁気テープをどうつくるか、である。それに、ソニーの得意分野の電機関連技術を加えることで、やっとテープレコーダーを完成させた。

しかし、テープレコーダーはできたものの、まったく売れなかった。まったく新しい商品には市場がないのである。

そこで、盛田の

「市場はつくらなければいけない。マーケットは開拓しなければいけない」

という考え方が生きてくる。

新しい商品は、その使い方と価値を、その利用者に教えなければいけないのである。盛田の考え方の基本がこのとき生まれた。そして、「商品は売って終わりではない」「マーケットは大きいほどよい」と続く。顧客がソニーの商品を継続して使ってもらっている間はソニーの顧客であり、ソニー製品は売れ続ける。日本国内だけでなく、市場を世界に求めることで、格段に大きな売上が期待できるのである。

このテープレコーダーは、放送局で使用される高級機器、取材用の「プレスマン」、民生用の「デンスケ」と次々と発売されたヒット商品の原点になった。

世界を驚かせたトランジスタラジオの開発

1955（昭和30）年5月に、ソニーは、半導体トランジスタの自社開発・生産に成功し、それを使ったトランジスタラジオを発売した。このトランジスタが、その後の日本の半導体技術発展の先駆けとなった。

トランジスタの開発は、1952(昭和27)年に井深が米国を3カ月間訪問したときに、アメリカ在住の山田志道(その後もソニーを支援する恩人)から、ウエスタンハウス・エレクトリック社がその特許を公開するという情報を聞いたことがきっかけである。トランジスタは、1948年にベル研究所で発明された技術である。以前から存在する鉱石ラジオでは、心臓部の電波を検波する回路に鉱石(ゲルマニウムなど)が使われている。その原理を応用すれば、トランジスタを使って、真空管ラジオとはまったく違うラジオができるかもしれない。新しい技術として挑戦する価値があると感じていたが、当時の金額でその特許料は約900万円(2万5000ドル)と高額(1951年のソニーの利益全額と同等)であった。

井深は帰国後、直ちに盛田と相談し、このトランジスタ技術を取得し、トランジスタラジオを作ろうと決心した。真空管ラジオは100ボルト電源が必要で消費電力も大きく小型化も難しい。トランジスタラジオなら消費電力も小さく、電源は乾電池でよく、小型・軽量化ができる。

翌1953年に、盛田が渡米しウエスタン社と交渉し、この特許取得の契約を成立させている。しかし、当時は外貨規制が強く通産省から特許取得と支払いの許諾に時間を要してしまった。このためにソニーは、世界初のトランジスタラジオ発売に半年遅れ、その名誉を逃している。世界初は、米国のリーゼンシー社で、1954年12月の発売である。

ラジオ用の高周波トランジスタの製造はきわめて難しく、日本にはその製造装置が存在しない。工場の設計や資材調達からのスタートであった。トランジスタの特許を取得したといっても、契約はその製造ノウハウの提供ではないので、製造工程はすべて自社開発しなければならない。高周波トランジスタの製造工程は、まだどこにもないものであった。はじめは製品の歩留まりが５％程度と不良品の山をつくることになるが、それを乗り越えて、まだ町工場のような中小企業のソニーが、世界を驚かせるトランジスタラジオを開発し、販売したのである。

当時、真空管ラジオにも電池式のポータブルラジオは存在したが、形が大きく電池の持ちも悪く、とてもポータブルとはいえない商品だった。ラジオを小型化、ポータブル化するには、トランジスタの開発だけではすまない。

トランジスタラジオTR620。(写真：株式会社ソニー)

ほかの部品の小型化も必要だ。バリコン（バリアブルコンデンサ）は周波数を同調させ選局する部品（現在のミツミ電機から調達）や、スピーカー（現在のフォスター電機から調達）、コンデンサ、抵抗器など、各部品の性能を維持しながら小さくしなければならない。これには、その分野を得意とする協力会社が必要になる。当時の発注先は、家族経営的な町工場である。こうした町工場が、ソニーのトランジスタラジオの部品を供給することで、日本の半導体産業の礎をつくったのである。町工場の技術力の結集は、半導体産業に限らず、今も技術立国日本を支えている。

ソニーのトランジスタラジオは、日本だけではなく、欧米でも爆発的に売れた。しかし、国内の大手企業がすぐに追随し、同様な商品の生産、販売が始まり、価格競争が始まった。

そのとき、井深は、日本は不思議な国だと語っている。つまり、ソニーの成功を見て、すぐに真似ができる「技術を日本は持っている」のだ。裏返せば、先進的なアイデアを持ち、「企業化しようとする勇気があれば、もっと新しい分野を開発できるはずである」と井深は考えた。もともとの技術は、日本のものではないが、それを応用して商品を開発し、企業化する。それをソニーは次々と実践していった。井深の並外れた発想と開発力が成し遂げたものであるが、この考え方が、現在の日本の電子立国の基礎を築いているのである。

悲願の家庭用ビデオレコーダー（VTR）の開発

テープレコーダーで成功したソニーは、次は絵の出るビデオレコーダー（以下VTR）の開発へと進む。音声と異なり、映像はそのデータ量が格段に大きい。高周波記録の極限に近いテレビ信号を磁気記録しなければならない。1957（昭和32）年に米国のアンペックス社が、実用機を完成させた。これが刺激となり、日本の東芝、松下電器、日本電気、ソニーの4社で早期の国産化を目指し、開発が始まった。

ソニーは、テープレコーダーの経験からアンペックス社と同じ装置を試作することからスタートした。アンペックス社のコピーは、4ヘッド式で、この4つのヘッドの性能をそろえるのが難しい。それぞれのヘッドで画面を分割して走査するため、その性能が少しでも異なると映像がきれいに記録されないのだ。また、それぞれを繋ぐことも非常に高い精度が要求された。試作してみて、この方式ではモノクロ用であっても限界があることがわかった。

ここでソニーはまったく新しい記録方式を開発する必要に迫られる。開発内容は、固定ヘッドではなくヘッド自体を高速回転させる回転ヘッド方式、テープ上をヘッドが螺旋形に動きながら記録再生するヘリカルスキャン方式、映像信号を複数の帯域に分割する方式などが考えられた。社内の研究者と資金に限りがあるため、ソニーは、いったん開発を縮小し、トランジスタやトリニトロン管の開発に軸足を移している。

VTRの開発は、小規模ながら継続されていたが、1959（昭和34）年10月、主力となる2ヘッド・ヘリカルスキャン方式の特許を取得したのは、日本ビクターであった。松下電器、ソニーは、数日間申請が遅れて特許を取得できなかった。

しかし、ソニーはVTRをあきらめなかった。自社のトランジスタ関連特許を公開する代わりにアンペックス社の持つVTRのノウハウを提供してもらうことになっていた（1966年破棄）。それを利用し、ソニー独自の方法により、1961（昭和36）年1月に、世界初のトランジスタ式小型VTRが発売された。アンペックス社の放送用VTRは、真空管200本以上を使い、洋服箪笥2棹分くらいある大型のもので価格は2000万円以上。ソニー製は、小型の茶箪笥程度の大きさで、価格は248万円であった。
だが、井深はこれに満足しなかった。目指したのは、プロ用ではなく、家庭用VTRだったからだ。そして、1965（昭和40）年に世界初の家庭用VTRを19万8000円で発売した。
「この商品は人真似ではなく、ソニーで生まれ育ち成長したものです。生活革命を生むというのがソニーの特徴であり、喜びであり、価値である」（井深の言葉）
この商品の画期的なところは、低電圧化により、周波数によって電圧の変わる最適記録電流方式と呼ばれる新しい回路を設計したことである。それでパワートランジスタが不要となり、また、放送用モデルの4モーター駆動を2モーターに変えることで、小型化が可能になった。

ベータマックス対VHSの戦い

ここでもう一つ大切なことがある。ビデオカセットの統一規格づくりである。テープレコーダーのカセットはドイツのフィリップ社の技術導入を決めたことで、世界標準となっていた。井深はVTRでもカセット化を考えていた。また、カセット化と同時に、モノクロではなく、カラー化も指示している。そして1971年に、U規格と呼ばれるカラー用カセットテープが、日本ビクター、松下電器、ソニーから一斉に発売された。しかし、この企画は家庭用としては、大きすぎ、価格も高く、操作性が悪く、家庭用VTR市場では受け入れられなかった。

その後も規格統一が進まないまま、1975年5月に、ソニーは、家庭用カラーVTR（ベータマックス方式、録画時間1時間）を29万8000円で、見切り発車の形で発売する。発表の時、盛田は、「これからはビデオの時代が到来する」と述べている。現在の動画記録が当たり前の時代を予想していたのであろうか。素晴らしい先見性である。日本ビクターは、遅れること1年半、1976（昭和51）年9月に、25万6000円でVHS方式の家庭用VTRを発売した。価格が4万円安く、録画時間2時間の製品であった。

このときから規格をめぐって、ベータマックスとVHS戦争が勃発する。基本設計が異なるためまったく互換性がない商品同士の戦いである。現在も放送局の一部でベータマックス方式が使われていることからも、ソニー製品は性能では決して劣っていない。業界最大手の松下電器が日本ビクターのVHS方式を採用したことで、市場はVHSを選択したのである。松下電器のVHS採用がソニーに伝えられたとき、井深、盛田は、規格統一の大切さ、その重要性について部課長を集めて説いたという。ソニーは、家庭用VTRでは、性能ではなく規格で負けてしまったのである。その後、ソニーもVHSを一般市場に向けて生産する判断を行った。

ただし、ビデオテープレコーダー開発により取得していた関連特許は、VHSにも多く使用されているので、開発の努力は無駄になってはいない。

画期的なカラーテレビ「トリニトロン」

カラーテレビに使うトリニトロンブラウン管の開発は、カラーテレビでは後発メーカーのソニーにとって、最重要の課題であった。1960（昭和35）年から、本格的なカラー放送が開始され、1964年には東京オリンピックの開催が決定していたからである。

当時のカラーテレビは20インチで45万円もする高額商品であった。高額な割に画面は暗く、画質も悪かった。部屋を暗くしないと、画面がきれいに見えないのである。その原因は、米国のRCA社が開発したシャドーマスク方式のブラウン管にあった。電子ビームの透過率が低く、調整が難しく、故障も多かった。

1961（昭和36）年、井深は国際電子技術者協会の学会と展示会に参加。そこでクロマトロンの技術に出合う。井深は、このクロマトロン方式でカラーブラウン管の受像機を開発できないものかとアイデアがひらめいた。国内他社は、RCA社のシャドーマスク方式を採用している。井深は、カラーテレビがこれからの家電製品の主力商品になることは確信していた。ソニー製のカラーテレビは、独自性のある特徴的な製品でなければならない。そこで、クロマトロンの開発企業のパラマウント社を訪れ、技術導入契約を締結した。そこまでは順調に進んだが、その後の製造のためのコストダウンと量産化に、想像以上に大変な苦労をすることになる。

クロマトロンは、原理はシンプルだ。光の3原色（RGB）蛍光フィルタに電子ビームを当てて発色させる方式で、電子ビームを偏向させて必要な部分に当てるようにする。シャドウマスク方式は3原色の蛍光フィルタの前に小さな穴の開いた遮蔽板（マスク）を置き、電子ビームを穴を通してフィルタの必要な部分に当てる。ビームの透過率が低く、画面の輝度が低下する。クロマトロンはシャドーマスク方式の6倍の明るさである。一見よい技術なのだが、その製造が非常に難しかった。

当時の既存の製法では、ブラウン管1本作るのに1時間を要した。製造過程の歩留まりも悪く不良品も多く出た。これでは、量産化に莫大なコストがかかってしまう。１９６５年に商品化に成功し、19インチカラーテレビを19万８０００円で発売を開始したのだが、工場原価は実に約50万円である。売れば売るほど赤字となる商品だった。生産開始後も製造過程の歩留まりは向上しなかった。

そこで、井深自身が開発リーダーとなり、ソニーの独自性を維持するため、ソニーの将来のために取り組んだ。背水の陣である。井深は、自らが直接担当することで、もしクロマトロンが、ダメなら早くその決断をしようと考えていたのである。そして、１９６７（昭和42）年10月、スタートから足かけ6年の歳月をかけ、ついにまったく新しい平面ブラウン管が完成し、「トリニトロン」と名づけられた。美しい色あい、明るい画面、それを量産化可能な技術で作ることができる。画期的な1ガン（電子銃）で3ビームを発射するインライン型電子銃と、アパチャーグリルというスリット状の色選別格子、縦の帯状（ストライプ）3原色蛍光体を組み合わせた方式で、スリットのすき間から電子ビームを蛍光体に当てる。この方式でコストダウンと高輝度画面が可能になり、シャドーマスク方式のメーカーを驚かせた。

その後のカラーテレビは、すべて1ガン3ビームのインライン型電子銃に帯状（ストライプ）蛍光体が主流になった。ソニーの画期的な技術に軍配が上がったのである。

クロマトロン方式にチャレンジし、その過程でまったく新しい方式のブラウン管の開発に成功し、独自技術によって高性能を実現したのだ。「技術のソニー」を再び世界に見せつける製品となった。

シャドウマスク

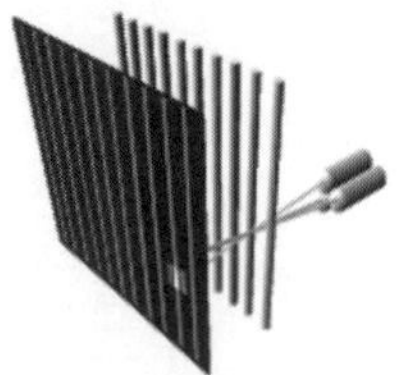

アパチャーグリル
（トリニトロン）

カラーテレビのブラウン管の仕組み。

ウォークマンからプレステ、スイカなどの開発へ

「技術のソニー」のその後の快進撃を見ていこう。

音楽文化を変えた「ウォークマン」

　ウォークマンは、元はテープレコーダーの技術からの発展形である。きっかけは海外出張が多い井深の依頼だった。持ち歩きできる小さくて軽量、音質のよい録音機能を持たない再生専用機というオーダーから試作したものが始まりである。当時のテープレコーダーは、録音、再生の両機能は常識である。開発担当者は、録音機能をそぎ落として、その分小型化したものが、本当に売れるのかとても心配だったという。既存のプレスマン（小型のテープレコーダー）を改良した試作品を井深と盛田の渡したところ、盛田が絶賛し、周囲の反対を押し切って商品化を命じたのである。

　1号機の発売は1979（昭和54）年。スピーカーはなくヘッドフォンで聞くのだが、その音質は素晴らしく、あっという間に若者に受け入れられた。歩きながら聞けるということで、「ウォークマン」と命名されたらしい。技術的には画期的な部分はなく、既存の技術でできたものだが、新しい若者文化を創造したという

ウォークマンを持つ盛田昭夫。（写真：株式会社ソニー）

意味では画期的な商品であった。その後、デジタルのウォークマン、アップル社のアイパッドタッチなど、携帯音楽プレーヤーは今も健在である。若者の音楽を持ち歩く文化は、ウォークマンがつくった。今は、携帯電話がその機能を一部吸収しているが、その先進性は40年前に、井深、盛田が創出したものである。

高性能ゲーム機「プレイステーション」

井深は、第一線を退いていたが、ソニーの「真似をしないで新しい商品を考える」精神は、さまざまな商品に引き継がれている。家庭用ゲーム機市場で、任天堂が圧倒的なシェアを持ちトップを独走していたが、その市場にプレイステーションで、１９９４（平成６）年12月に新規参入している。その仕様は、コンピューターグラフィックのワークステーションを縮小した設計で、映像や音楽での性能が高く、高速で動く３Ｄゲームが楽しめるようになっていた。当時では、３Ｄ専用設計の時代の先を行く高度の性能を持った飛びぬけた機種であった。据え置き型ゲーム機で、世界で1億台を販売している。現行機種は、プレイステーション４である。

非接触型ＩＣカード「フェリカ」

フェリカとは、ソニーの非接触型ＩＣカード技術方式の名称である。代表例は、ＪＲ東日本では「スイカ」と呼ばれる交通系ＩＣカードである。カードには電源がなく、端末をタッチすることにより、電子マネーとして利用される。かざすだけでデータを高速で送受信できるという、従来にない画期的な商品だった。データは何度も書き換えられ、カード本体を再利用できるのでエコロジーなシステムでもある。セキュリティーも厳重で、現在では、公共交通機関の乗車券システムから、電子マネー、マンションの鍵まで幅広い用途で使われている。

CMOSイメージセンサーとデジタルカメラ

ＣＭＯＳイメージセンサー（以下ＣＭＯＳ）とは、固体撮像素子である。デジタルカメラなどのＣＣＤイメージセンサー（以下ＣＣＤ）と同じように機能するフォトダイオードである。フィルムカメラ(銀塩カメラ)のフィルム部分に相当し､光を電気信号に変換する部品だ。ソニーは、このＣＭＯＳの世界シェアでトップである。デジタルカメラの固体撮像素子は、従来はＣＣＤが主流であったが、技術革新で、大量生産に対応し、消費電力も小さいＣＭＯＳが現在では主流になっている。携帯電話のほぼすべてにカメラが搭載されており、ソニーの利益向上に役立っている。

ＣＭＯＳは、単位セルごとに増幅器を持つので、電気ノイズを抑制できる。ＣＭＯＳの生産には半導体製造ラインが応用できるため、大量生産が可能で、安価に製造できる。また、原理的にスミア（被写体の発光部とほぼ同じ幅の直線状に発生）、ブルーミング（光が滲み出して広がる現象）が発生しない。そして高速読み出しが可能である。

ＣＭＯＳは応用範囲の広い技術である。いまや人工知能の研究が進み、画像認識デバイスや、人工視覚デバイスへの応用も進んでいる。この分野の将来性は非常に高く、世界シェアトップの技術力と販売力は、今後大いに期待できる。

ソニー独自の開発精神を実感した

ソニーには、井深・盛田の精神が生きている。すでに30年以上も前のことになるが、筆者が銀行員時代、仕事を通じてソニーの素晴らしい「よその真似はしない、よそのできないことをやろう」という商品開発精神を、二度経験している。

一度目は、ゲーム機のプレイステーションの発売前のとき。高くても2万円前後だった子供向けのゲーム機に、1個3000円もするチップを内蔵するという。それも、ゲーム機が起動する時間を短縮するためとの理由であった。当時すでに発売されていたものに、後発ゆえにあっといわせる仕組みを搭載したいためだった。数分程度待てば、ゲーム機は起動するがその数分でゲーム機は売れないというのである。発売された商品の起動時間は数秒である。３Ｄグラフィックスなど商品のすばらしさは、周知の通りであるが、消費者ニーズ（特に子供は数分も待てない）に着目し、小さなことにこだわるその精神が大切なのだと感じさせられた。

二度目は、ＪＲ担当のときである。当時、切符に代わってオレンジカード（接触型）が使われていた。私鉄は、別の接触型カードを使っていた。それを統一できないかと持ちかけたところ、ソニーの提案で、もっと先を考えて、非接触型カードを導入する予定であるという。頼み込んでソニーの工場を見学させてもらった。目からうろこであった。カードには、電源がない。それにもかかわらず一瞬でデータを更新し記録してしまうのである。そんなことができるとは、正直信じられないような技術であった。今では当たり前に使われているＪＲ東日本のスイカである。どちらも世間を驚かせる商品に成長している。

「同じものを作らない」「10年後の未来を見て考える」など、井深、盛田の精神が生きているのである。

ソニーを支えているのは、独創的な技術である。思いもよらない発想から、新しいアイデアを思いつき、試行錯誤を繰り返しながら、世界の誰も真似できない画期的な製品を開発する。井深と盛田の植え付けた精神が今でも、ソニーで生きているのを感じる。今後の日本の成長になくてはならない発想である。新しい市場をつくるような、見たこともない画期的な新製品を今後も見せてほしい。

参考文献

井深　大『井深大　自由闊達にして愉快なる―私の履歴書』日経ビジネス人文庫、２０１２年
武田　徹『井深大―生活に革命を』ミネルヴァ書房、２０１８年
峠野　堯『ソニー成功の原点』ＫＫロングセラーズ、２００１年
森　健二『ソニー　盛田昭夫　時代の才能を本気にさせたリーダー』ダイヤモンド社、２０１６年

まとめ

- ソニーの独自性は、井深の「よその真似をしない、よそにできないことをやろう」という言葉に集約されている。技術者の開発スピリットを鼓舞することが大切。
- オリジナル技術が自社のものでなくても、それに工夫を加えて発展させることで新商品を作ることが可能。要はアイデアと目のつけどころである。
- まったく新しい商品は、顧客にその使い方を教えなければ売れないことがある。盛田の「市場はつくらなければいけない」という言葉を肝に命じよう。宣伝広告戦略も重要。
- 新商品が文化そのものを変えることもある。ソニーのウォークマンは音楽の聴き方、楽しみ方を大きく変えた。音楽文化の変容をもたらしたといえる。技術と文化変容との深い関係性を忘れてはいけない。
- 技術者が経営者を兼ねるとき、人並み外れた能力を要求されるが、成功したときの果実は大きい。経営者が技術者でない場合でも、技術者の声にいつも耳を傾け、開発の現場を見ることが大切である。
- ソニーの初期の成功は、トランジスタラジオの開発にみられるように、町工場の技術力の結集に負うところが大きかった。技術立国日本の現状と今後を見るとき、もう一度この事実に目を向ける必要がある。

本田宗一郎

世界のホンダを育てたリーダーの失敗を恐れぬ技術者魂

本田宗一郎●ほんだ そういちろう　1906（明治39）～1991（平成3）年
本田技研工業株式会社（通称ホンダ）の創業者。優れた技術者であり、果敢に挑戦し続けた経営者。独創性とチャレンジ精神というホンダスピリットの体現者である。「成功は99%の失敗に支えられた1%である」など名言も多い。スーパーカブの大ヒットに始まり、政府の方針に逆らい四輪自動車へ参入、航空機開発など、宗一郎の技術者魂は今も生きている。

本田宗一郎。（写真：本田技研工業株式会社）

本田宗一郎は、自動車の修理工から身を起こし、売上高15兆円を超える日本を代表するメーカー（自動車から航空機まで）本田技研工業を創業した技術者・経営者である。本田技研工業は、創業者意思を引き継ぎ、独創にこだわり、チャレンジ精神とスピード感をあふれたイノベーション企業である。この大企業を育てあげた宗一郎の偉業と、今につながる名言やその考え方を紹介したい。

宗一郎は、自身の大きな夢に向かって想像を絶するエネルギーを持ち、その夢の実現に、周囲の人間が自然に巻き込まれ協力したくなってしまう人間的魅力にあふれた人物である。既成概念にとらわれず、常に自由で、ものすごい大きな夢があり、時間を無駄にしない実行力を持っていた。口癖の一つの「やってみもせんで、なにがわかる」がその精神を表している。

「成功は99％の失敗に支えられた1％である」

この言葉に代表されるように、数々の調査と実験を繰り返し、宗一郎は町工場を世界のホンダへと成長させたのである。宗一郎の言葉は、私たちに夢を持ち続けること、チャレンジする大切さを教えてくれる。

宗一郎の生い立ちから本田技研設立まで

宗一郎は1906（明治39）年、当時の静岡県磐田郡光明村（現在の浜松市天竜区）に生まれた。父は村で鍛冶屋を営み生計を立てていた。6歳で尋常小学校に入学し、高等小学校卒業後（現在の中学校）、丁稚奉公として東京都文京区湯島の自動車工場「アート商会（現・アート金属工業）」に入社する。子供の頃から、自動車、飛行機に大いに興味を持っていたのである。自動車の修理は人一倍の腕前、6年後21歳でアート商会からのれん分けの形で独立し、浜松市に自動車修理業を始めた。のれん分けを許されたのは宗一郎だけであった。

28歳でさち夫人と結婚した。1937年30歳のときに東海精機重工業（現・東海精機株式会社）を新たに設立し、ピストンリングの製造を開始した。自動車修理工場の事業を拡大しながらの新会社設立である。その頃、技術の未熟さを感じ、社長業の傍ら浜松高等工業学校（後の静岡大学工学部）機械科の聴講生となり、3年間金属工学の勉強にも励んでいる。同じ1937年にトヨタ自動車が設立されている。宗一郎の会社はトヨタの下請けの位置づけであった。

東海精機重工業は、1942(昭和17)年戦時下で軍需省の管理下に置かれ、その斡旋でトヨタの資本が40%入り、宗一郎は専務に降格になる。1945年所有していた会社の全株を豊田自動織機に売却して退社した。38歳になった宗一郎は「人間休業」と称して1年間の休養を取っている。そして1946(昭和21)年、宗一郎39歳のときに、浜松市に本田技術研究所を設立する。のちの本田技研工業である。当初は二輪車の研究を行う会社であった。1949年にホンダの副社長となる藤澤武夫と運命的に出会い、二人は共にホンダを世界的な大企業に育て上げるのである。

人を育てるノウハウとは

ここからは、宗一郎のいくつもの名言とその意味するところを紹介していきたい。

「経営者は燃焼する炎である。炎はいつも強く燃え続けていなければならない」

宗一郎は研究所では先頭に立ち、人まねを嫌い、独創にこだわり、新製品を開発していった。「何がよその会社と違うんだ」が口癖だった。

宗一郎は、独特の経営哲学を持っている。平易な言葉で、わかりやすい競争軸を示し、従業員各自にありったけの力を発揮させる。信賞必罰を人事の基本としていたが、努力した末の失敗は許した。一所懸命に働いて立派な業績を上げれば報われる制度である。さほどの業績を示していない人が引き上げられていったなら、誰もその会社で働かなくなる。若手でもベテランでも、力を発揮した者は、評価され、しなかった者には厳しい評価がなされた。組織が生き生きとしたものになるためには、公平な評価が最も大切である。

創業時、宗一郎が初代社長を務める本田技術研究所は、現在のホンダ本社の研究、企画、デザイン、開発のすべてを担う部署であった。ほとんどの研究テーマは、従業員個人の提案から始まる。革新的な技術や製品の源流は、個人の着想、発想に遡るのだ。それが、現在のホンダのＤＮＡになっている。

人を育てるときの考え方がわかる言葉が、宗一郎の『夢を力に―私の履歴書』に載っている。

「人を動かすことのできる人は、他人の気持ちになれる人である。その代わり、他人の気持ちになれる人というのは自分が悩む。自分が悩んだことのない人は、まず人を動かすことはできない」

「耐える心に、新たな力が湧くものだ。全てそれからである。心機一転、やり直せばよいのである。長い人生の中で、そのための一年や二年の遅れは、モノの数ではない」

宗一郎は、適材適所で年齢、学歴等に関係なく、能力とやる気で人材を登用している。従業員の得意分野を伸ばし、会社の成長に活用するのである。失敗の時間も与えている。得意分野の仕事なら、苦にならないことを知っているのだ。マン島のオートバイレースやF1の参加など、メカニックにとっては、自分の能力の限界に挑戦できて自分を楽しませる趣味のような仕事であった従業員も多かったのではないだろうか。彼らはその経験のなかから、新しい技術をたくさん生み出している。

「私は怒っても、その人間を憎むことはしない。偽りのない気持ちを相手にぶつけることが大切」

宗一郎は、気性の激しい一面もあったが、それは目的達成のための努力の過程での出来事で、人そのものを憎んだのではない。成功できなかった者の処遇にも気を使っている。宗一郎は興奮すると社員を殴りつけたこともあると記されている。今であれば問題となるが、当時には人間味に溢れた、血の通ったぶつかり合いであった気がする。天真爛漫な子供のような感情を持ち続けることによって、彼の裏表のない、童心ともいえる純粋さに従業員は魅かれていたのであろう。その結果、従業員は宗一郎を慕い、ついていったのである。

「人間にとって大事なことは、学歴とかそんなものではない。他人から愛され、協力してもらえるような徳を積むことではないだろうか」

宗一郎は、自らも参画するが、意欲ある者には理想とする工場の建設、エンジンの設計などの重要な仕事を任せた。欧州、米国に若者の多くを派遣し、若い力を大いに活用した。宗一郎の魅力が、人を育てたのである。さらに宗一郎の成功の陰には、参謀として働いた藤澤和雄やさち夫人の内助の功があったと思う。

宗一郎は縁故入社を断っている。親しい金融筋（当時は資金調達は大切な仕事であった）や大株主から推薦された縁故入社の学生を、「わかりました、ただし試験だけは受けさせてください」と一応引き受けるものの、人事課長が出した不合格結果を「人事のことは任せてあるから、そのとおりに」とあっさりと認めている。仕事を人事課長に任せた以上、徹底的にその人物を信用し、実力がなければ入社させないのが本田技研工業なのである。

もう一つ、人事面で有名なエピソードがある。創立14周年の記念日、1962（昭和37）年9月23日、突然2名の常務が解任された。その2名は、常務取締役営業部長・増田儀一と常務取締役浜松製作所長・本田弁二郎である。両名は、宗一郎の創業当初からの竹馬の友と実弟である。若い重役4名（磯部誠二、西田通弘、小林澄男、原田信助）への世代交代であった。

冒頭に述べた「経営者は燃焼する炎である。しかも、その炎はいつも強く燃え続けなければならない」を実践したのである。

同族会社からの脱皮でもあった。骨肉の情や、友情に溺れない強い意志があった。宗一郎と藤澤武夫、ともに子息をホンダに入社させていない。西田通弘（横浜高等工業電気化学科卒の中途採用）は、職安からの入社で、実力のある者に対しては、学歴や年齢にとらわれず思い切った抜擢をする会社であることを証明した。そして、1970（昭和45）年に宗一郎から社長を継いだのは、本田家、藤澤家と何のゆかりもない浜松工専卒当時45歳の河島喜好であった。このように、同族経営を廃し公正な人事評価を常に行う、人を育てる会社が、ホンダなのである。

「世界初」が常連となった技術開発力

宗一郎はイノベーターの元祖である。開発では独自性を大切にする。そして新たな課題に挑戦する。宗一郎は、妥協はしないのである。実現不可能と思われることでもあきらめずに徹底的に議論し、研究開発部とすり合わせ、製品として作り上げていく。「99％の失敗を許容し、成長していく」と言っていたとおり、常識では無理といわれることが多いため、そのほとんどで失敗する。しかしその失敗を懲りずに反復、繰り返すのである。

スピード感も求められる。何よりも必要なのは従業員の献身と情熱だ。宗一郎がつくったこの企業風土が今のホンダを支えているのである。

1958（昭和33）年には、片手で乗れるオートバイ、スーパーカブを開発し、大ヒットを飛ばした。今は法令上許されないが、当時は飲食店の出前で商品を持ちながらバイクを運転できることは画期的なことだった。

日本企業で初めて、米国で現地生産を開始したのもホンダだ。当時は、現地生産をするという発想は先進的で、誰もができることではなかった。常識外れの革新的な行動であった。

その後も、世界で初めて米国の環境規制をクリアしたCVCCエンジンを開発し、シビックに搭載し、世界的なヒット商品に仕上げている。世界初のカーナビゲーションシステムもホンダが開発している。さらにその後も、2足歩行ロボット「ASIMO（アシモ）」の開発、小型ジェット機の製造へと続くのである。

筆者が銀行員時代に埼玉県桶川市の本田航空の担当になったことがある。恥ずかしながら凡人の筆者は、宗一郎の夢が飛行機を飛ばすことだと知らずに、赤字部門の本田航空（1964年に宗一郎が設立）について、（不要と思えたので）赤字理由を質問した覚えがある。その後、本田航空は　航空機用エンジンの開発を開始し、小型航空機「ホンダジェット」を製造するまでに成長した。体力に見合った、将来を見据えたうえでの投資だったのである。

宗一郎率いる本田技研工業は、定期的にヒット商品を提供し、宗一郎の現役中、また一線を退いた後も、イノベーション企業の代表格である。CVCCエンジンのシビック、ミニバンの先駆けのオデッセイ（当時このような車はまったくなかった）、広い空間を実現したフィット、そして空を飛ぶホンダジェットと事業が苦境になるたびに底力を発揮して、大ホームランを打つのである。宗一郎の著書『夢を力に―私の履歴書』等に次のような名言が残されている。

「需要がそこにあるのではない。我々が需要を作り出すのだ」

「模倣、依頼、同調といった精神は、今ではどのような価値も生まないだけではなく、人々を根底から破壊する役割さえ果たしている」

この発想は、素晴らしい。画期的な商品というのは、今現在、存在しないものである。必要とされるものを創造して初めて、需要が生まれるのだ。「新しい発想を得ようと思うなら、まず誰かに話を聞け」まず話を聞いて、現在の問題点、不便な点、改善すべき点を把握する。これはとても重要なことだ。そもそも問題を解決することで、需要が生まれるのである。人の話を聞き、調査することは大切だ。しかし、真似てはいけない。新しものを創造するということが大切なのである。

失敗を糧に成長を続ける

宗一郎は、常に、厳しい環境と戦い、失敗を重ねながら新たな市場を開拓してきた。自転車に原動機をつけることから始まり、今までにないオートバイを作り始め、１９５４年マン島のＴＴレースを視察、１９５９年に初出場し、１９６１年には初優勝している。いつでも人をワクワクさせる独創性を持ち、そのための努力を惜しまない人である。日常の生活に役立つものを、独自のアイデアと技術で生産する。どん底から這い上がった経験と世界一を目指す気持ちがすごい。夢を語るときでさえも、世界一とはなかなか公言できないものである。

思うように試作品ができないときに、「苦しい時もある。夜眠れぬこともあるだろう。どうしても壁がつき破れなくて、俺はダメな人間だと劣等感にさいなまれるかもしれない。私自身、その繰り返しだった」「失敗が人間を成長させると、私は考えている。失敗のない人なんて、本当に気の毒に思う」と宗一郎はいう。失敗が大切な出来事で、失敗があるからこそ、成功に至ることを著書の中で次のように記している。

「伸びる時には必ず抵抗がある」

「成功者は、たとえ不運な事態に見舞われても、この試練を乗り越えたら、必ず成功すると考えている。そして、最後まで諦めなかった人間が成功しているのである」

何にでも、抵抗勢力が存在するということだ。日本企業は、こうした保守的な人々を相手にしながら新しいことを始めるために、新たなプロジェクトを独立させて立ち上げることが多い。

しかし、宗一郎は、スピードアップのために、保守的な社風そのものを変えようとしているのである。

「新しいことをやれば、必ず、しくじる。腹が立つ。だから、寝る時間、食う時間を削って、何度も何度もやる」

どの言葉も、多くの失敗を恐れずにチャレンジしろと言っている。素晴らしい。現代の事なかれ主義、保守的な考え方の反対をいくものだ。失敗するということは、それだけコストも掛かっている。それでもそれを乗り越えないと、独創は生まれないのである。

「独創的な新製品をつくるヒントを得ようとしたら、市場調査の効力はゼロとなる。大衆の知恵は決して創意などはもっていないのである。大衆は作家ではなく、批評家なのである」

「日本人は、失敗ということを恐れすぎるようである。どだい、失敗を恐れて何もしないなんて人間は、最低なのである」

「発明はすべて、苦しまぎれの智恵だ。アイデアは、苦しんでいる人のみに与えられている特典である」

どの言葉も、心に刺さる。通常では到底できそうもないことである。そこを、宗一郎は、会社全体のＤＮＡとして、方向性を示し、会社組織を運営している。

「私の現在が成功というなら、私の過去はみんな失敗が土台作りをしていることにある。仕事は全部失敗の連続である」

「私の最大の光栄は、一度も失敗しないことではなく、倒れるごとに起きるところにある」

どれだけの失敗が、今のホンダを作り上げたのだろうか。失敗は、宗一郎だけではない。多くの従業員が、ものすごい数の失敗を繰り返している。失敗を恐れない、チャレンジ精神を常に忘れずに、時間を大切に使いながら、失敗を繰り返す。そのなかから、ホンダの独創が生まれたのである。

現在に至る技術開発魂の系譜

宗一郎は、東京湯島のアート商会での丁稚奉公で自動車修理技術を習得し、21歳でアート商会浜松支店を開業。自動車の仕組みには詳しくなった宗一郎は、エンジンの重要部品でありながら小さくて高価なピストンリングに目をつける。エンジン内部での高温に耐え、潤滑油を制御する部品である。燃焼時の高圧ガスが漏れないように高い精度と耐久性を求められる。ピストンリングの製造は、すでに自動車修理で成功していたため、大株主等に猛反対された。そこで、別会社の東海精機重工業を設立し、失敗を繰り返しながら、3年後にようやく実用化のめどがついた。そこへトヨタから3万本の注文が入る。しかし、サンプルの大部分が不良品として返品されてしまう。技術不足を痛感した宗一郎は勉強嫌いを改め、浜松高等工業学校で研究を重ね、2年間で特許28件を取得したうえ、安定した製品を送り出せるようになるのである。宗一郎は、経営者であると同時に、紛れもない技術者であった。

1941（昭和16）年に太平洋戦争が始まり、統制経済の中で自由な研究開発はできなかった。東海精機は軍需省の指示でトヨタから40％の出資を受けることになり、宗一郎は社長を退任する。終戦後、日本経済は完全に崩壊していた。宗一郎は会社の持ち株を45万円（現在の2億円）でトヨタに譲渡し、次の飛躍への準備に入った。

本田技研工業の誕活からオートバイの生産へ

終戦の翌年1946（昭和21）年、活動を再開する。先の45万円で本田技術研究所を設立し、自転車にエンジンを取りつける自身のアイデアを実践したのである。自転車の車体の後部に、旧陸軍の無線機発電用エンジンをつけた。これが、宗一郎が作った最初の自動車である。陸軍が残したエンジンを買い集め、客の持ってきた自転車に取りつけただけであったがよく売れた。

旧陸軍のエンジンの在庫はすぐ底をつき、宗一郎はオリジナルのエンジンを開発することになる。このエンジンの性能がよく、１９４７年に生産を開始したエンジンは、終戦後何もない時代背景もあり、とてもよく売れた。このエンジンは50cc、０・５馬力の2サイクル（2ストローク）のA型エンジンであった。世界のホンダは、ここからスタートを切ることになる。

その後、B型、C型と新エンジンを開発するがあまり売れなかった。１９４９年に、３馬力のD型エンジンを搭載した本格的な自動二輪車「D型ドリーム号」を発売したが、これも売れ行き不振であった。宗一郎としては凝りに凝った仕様であったが、４サイクルエンジンに比べて時代遅れの2サイクルエンジン搭載の製品で、人気が出なかったのである。

その窮地を救ったのが、朝鮮戦争による特需と、のちの副社長となる藤澤武夫である。売掛金の未回収で資金繰りが悪化し、追い込まれたホンダに入社して危機を救ったのが、藤澤だった。浜松高等工業の非常勤講師をしていた竹島浩（後にホンダの役員となる）が、技術に強い宗一郎と営業・経理に強い藤澤を引き合わせたのである。

この後、「経営の藤澤」と「技術の本田」のコンビで会社を成長させていくことになる。藤澤は29歳で日本機工研究所という切削工具の会社を経営し、成功を収めていた人物である。藤澤入社のおかげで、その後、宗一郎は得意分野の技術開発に専念することができた。

宗一郎の成功の背景に、朝鮮特需後の日本経済の成長と互いを補完しあう人物との出会いがあったことを忘れてはならない。後日、宗一郎が語っている「実を言うと、社長をやっていた時は金儲けが財産だと思っていたけど、結局、友達こそ本当の財産だなあ」と。

スーパーカブの大ヒットで世界のトップメーカーに

「ドリームD型」の不振を受けて、1951年、次は4サイクルのオーバーヘッドバルブ（OHV）エンジンを載せた「ドリームE型」を製作、これがヒットする。4サイクルエンジンは2サイクルに比べて、騒音が少なく、燃費もよい。また、自転車に取りつけるカブF型エンジン（2サイクル）も手軽なうえに安価で成功した。これでホンダは日本最大のオートバイメーカーになった。

当時、横から吸排気を行うエンジン機構のほうが製造は容易であったが、宗一郎は人のまねをしないことであえて採用せず、上部で給排気を行うOHVエンジンを作り、新たな道を創造したのである。OHVは複雑で製造が難しいが出力が大きく、燃費もよい。宗一郎は次世代のエンジンを開発したのである。

1958（昭和33）年には、小型では初の4サイクル

スーパーカブ。（写真：本田技研工業株式会社）

ＯＨＶエンジンを搭載した「スーパーカブ」が発売されて世界を席巻した。スーパーカブは、世界での累計生産台数が1億台に達し、今も売れ続けている。

1959年にはオートバイレースの最高峰たるマン島ＴＴレースに参戦し、わずか3年でチャンピオンとなる。これで、名実ともに世界のトップメーカーになったのである。その後、現在まで二輪車では世界のトップメーカーを続けている。

「思想さえしっかりしていれば技術開発そのものはそう難しいものではない。技術はあくまでも末端のことであり、思想こそが技術を生む母体だ」

四輪自動車への参入と発展

二輪車メーカーで、四輪車の実績のないホンダが、自動車の製造に参入するには、高いハードルがあった。日本経済は順調に立ち直り、市場は、トヨタ自動車や日産自動車が押さえ、業界秩序が確立されつつあった時代である。合わせて、貿易自由化を目前にして、日本政府は1961（昭和36）年に通商産業省は特定産業振興臨時措置法（特振法）を立法しようとしていた。日本の自動車メーカーの国際競争力を高めるために、メーカーを3グループに整理統合することを目指した法律である。この法案が成立すれば、四輪車メーカーとしての新規参入は認められないことになる。

四輪市場の参入を予定していた宗一郎は強く反発し、すでに1958年にスタートしていた四輪車開発を急加速させたのである。軽四輪スポーツカーと軽四輪トラックを同時並行で製作し、1962年建設中の鈴鹿サーキットでスポーツ車「S360」と軽トラ「T360」を発表した。2車種ともに高性能なダブルオーバーヘッドカムシャフト（DOHC）エンジンを搭載していた。

宗一郎語録の「非常識を非真面目にやれ」である。

翌1963（昭和38）年、ホンダ初の四輪車として「T360」と「S500」が発売された。価格は安価にもかかわらず売れなかった。慌てて作った車で、流通網、整備網が不整備で、車もオイル・水漏れ、雨漏れがする完成度が低い車であった。翌年、特振法は国会で廃案となり、法律面で四輪車を製造販売する障壁はなくなった。

その後、改良を重ね、「S500」はさらに排気量を拡大し、「S600」「S800」へと発展していく。DOHCエンジン、かつ4連キャブレターを装備した、当時の市販車としては画期的なメカニズムであった。欧米で高く評価された。1963年ホンダは自動車レースの最高峰であるF1に挑戦し、2年目の1965年メキシコGPで初優勝を果たす。

しかしこの間、実は失敗の連続でもあった。Sシリーズは、2シータースポーツカーで、2万5000台しか売れていない。

ホンダを四輪車の量産メーカーに押し上げたのは、1967年発売の軽乗用車「N360」

である。大衆向けのファミリーカーで、馬力はあるが製造コストのかからないメカニズムを採用している。エンジンは４サイクルの空冷２気筒ＳＯＨＣ 31馬力で、駆動方式はＦＦ（前輪駆動）だった。他メーカーとは違うアプローチをとったのである。20馬力台前半だったライバル車を圧倒した。価格は40万円を切り、発売２カ月で販売台数の首位になり、累計生産台数は約70万台に及んだのである。

Ｎ３６０は、二輪車で培った空冷エンジンの技術を活かして作られた合理的なクルマである。シンプルでコストのかからない空冷エンジンは、宗一郎にとって理想であった。しかしこの空冷に固執したことで、若手エンジニアとの軋轢が生まれてしまう。先進の技術（四輪独立懸架、アルミ製エンジン１１５馬力）を盛り込んだ「ホンダ１３００」を発売するが、惨敗した。振動と騒音が大きい空冷エンジン車は、当時のユーザーの支持を得られなかったのである。

Ｆ１の空冷エンジンのマシンも不振を極めたが、宗一郎は空冷こそが理想のエンジンであるという考えを曲げなかった。市販車もＦ１も、あくまで空冷エンジンを改良することで状況を打開するように指示したのである。

このころから宗一郎の知識と技術は、限界を迎えていたのかもしれない。若手エンジニアたちは、空冷エンジンはもはや古臭い技術で、未来がないと考えていた。排ガスによる大気汚染が問題となっていて、空冷エンジンでは、排ガス規制をクリアすることができないというのが、若手エンジニアたちの共通認識だったのである。水冷への移行を強硬に主張したのは、後に３

代目社長に就任することになる久米是志である。宗一郎の一番弟子ともいえる河島喜好（2代目社長）も、空冷エンジンに反対した。

「創意工夫、独立独歩、これをつらぬくにはたゆまぬ努力がいるし、同時に、ひとりよがりに陥らぬための、しっかりした哲学が必要となる」

「間違った先見力は、人の考えを誤らせ、道を閉ざす原因となる」

後に、宗一郎はこう述べている。すでにホンダには、新しい技術者が育ち始め、ホンダを支え始めていたのである。

ついに副社長の藤澤武夫が動いた。宗一郎に技術革新の動きを教え、空冷を諦めさせるときがきたのである。言い換えると、いわゆる引導を渡す時期が近いと悟ったのである。これまでは宗一郎が開発を主導することが会社の発展に結びつくと考えていたが、今やその体制はむしろ新しい技術開発の妨げになっていることに気がついたのだ。若手エンジニアの危機感を説明し、公害対策のために水冷を採用するよう説得した。そして、若手に今後を委ねることに同意し、4人の専務に会社の将来を託すことを決断する。世代交代への準備を進めたのである。

1970年、米国でマスキー法（厳しい排ガス規制）が成立した。自動車に厳しい排ガス規制を課す法律である。この法律に合うエンジンの開発を進めたのは、久米、川本信彦（4代目社長)、吉野浩行(5代目社長)たちの若手エンジニアだった。1972年にホンダはCVCCエンジンを発表する。CVCCエンジンはマスキー法に対応した世界で初めてのエンジンとなった。この機構を搭載した「シビック」は全世界で大ヒットし、1973年のカー・オブ・ザ・イヤーに選出される。

1973(昭和48)年、宗一郎は社長を退任し、藤澤も同時に副社長の職を辞した。宗一郎の指名で社長に就任した河島は、45歳であった。ホンダの将来は、次世代に託されたのである。

「人に渡す時、これは肝心だな。人に渡すのにケチケチするのは、私は嫌いだ。モタモタしてたんじゃ、みっともなくてしようがねェ」

「飛行機は飛び立つときより着地が難しい。人生も同じだよ」

宗一郎の言葉である。すべてを悟っていたのである。

参考文献

伊丹敬之『本田宗一郎―やってみもせんで、何がわかる』ミネルヴァ書房、2010年
伊丹敬之『人間の達人 本田宗一郎』PHP研究所、2012年
本田宗一郎『夢を力に―私の履歴書』(日経ビジネス人文庫)日本経済新聞社、2001年
本田宗一郎『やりたいことをやれ』PHP研究所、2005年
本田宗一郎『私の手が語る』(講談社文庫)講談社、1985年
本田宗一郎『俺の考え』(新潮文庫)新潮社、1996年

まとめ

- 「一度、真似をすると、永久に真似をしてゆくのである」独創性を重んじた本田宗一郎が技術者を戒めた言葉である。技術は新しいものを創造することが肝要。
- 企業を成長させるのは人材。人材の育成は経営者の大切な役割。学歴や年齢に関係なく、公平に評価し、業績に報いること。
- 「進歩は反省の厳しさに正比例する」失敗することを恐れず、失敗から学び、何度も挑戦を繰り返した本田宗一郎の信念を表す言葉。
- 経営者は引き際も大切である。若手が育ってきて、発想力、技術力が自分より優れていると思ったら、スパッと辞め後継者に引き継ぐ。
- 自動車産業は世界的再編とEVや自動運転など新技術への対応など、新しい時代を迎えているが、ホンダの現状は厳しい。生産効率向上の系列のグループ化、部品共通化に遅れが生じ、研究開発費の規模が他社に比べ小さい。ソフトウエア技術にも遅れ、自動運転、シェアリングへの対応も遅れ始めている。この苦境をどう乗り越えていくのか、ホンダの正念場であるが、ホンダのDNAがきっと解決してくれると信じている。
- 「思想さえしっかりしていればよい。思想こそが技術を生む母体だ」宗一郎の言葉である。

真藤恒

NTT民営化を推進した「ミスター合理化」

真藤 恒●しんとう　ひさし　1910（明治43）～2003（平成15）年
旧日本電信電話公社最後の総裁に就任し、民営化を果たしたNTTの初代社長となった。九州帝大の造船学科出身で、播磨造船所（後の石川島播磨重工業、現・IHI）を、社長として造船業界のトップに押し上げた。その指導力を評価され、土光敏夫からNTT民営化を託された。改善すべきものは改善する。真藤イズムはシンプルで正確さと合理性を兼ね備える。

飛行機から造船へと志望を変更

１９８５（昭和60）年、日本の通信事業に大変革が行われた。それまで国内通信を独占していた日本電信電話公社が民営化され、日本電信電話株式会社（ＮＴＴ）が誕生。通信自由化の時代へと突入したのである。

当時にして31万３６００人もの従業員を抱えていたＮＴＴ。その初代社長に就任したのは、真藤恒である。真藤は45年にわたって民間企業でさまざまな改革を断行。その活躍ぶりは「ミスター合理化」と呼ばれるほどだった。そして、電電公社の総裁となって４年後に、民営化を実現させることになる。

自ら「反逆児」と自認する真藤。どのような改革精神で、電電公社の民営化を成し遂げたのか、その道のりをたどってみよう。

「どうも他人から習ったことをそのまま真似するのが嫌いだった」

自身の青春時代をそう振り返るように、真藤は周囲と同調して自分の違和感を引っ込めることが、どうしてもできなかった。

高等学校では、授業で使われている英語の教科書に食ってかかった。その教科書は、とにかく内容が古く、明らかに現代では使わないような古語ばかりが掲載されていた。うんざりした真藤はある日、講義の前に教師にこう直訴したのである。

「英語の教科書は、現代語で書かれたもっとわかりやすい、思想のしっかりしたものにするべきではないですか」

そうは言っても、教科書などそう簡単に変えられるものではないはず。だが、実は、教師自身もかねてから疑問に思っていたことだったため、すぐに教授会にかけられ、オックスフォード大学哲学科1年生向けのものに変更されたという。新しい教科書になってからは、真藤は熱心に読み込んで、辞書を引かずとも、内容を深く理解できるまでになった。英語力だけではなく、書かれている哲学の内容にも深く感銘を受けた。

ちなみに、理科系だった真藤は、もともと英語の成績がクラスで最下位だった。そんな自身の状況を踏まえると、教科書の変更を訴えるのは、ややもすれば、自分ができないから言っているのではないかと思われそうで勇気がいる進言だったに違いない。

だが、真藤はいたって平気だったようだ。

改善すべきものは、改善する――。いたってシンプルな真藤イズムの原点がそこにはあったのだろう。

その後、九州帝国大学工学部へ進学。2年生時に、飛行機か造船かの選択をする際に、真藤は造船のほうを選んでいる。もともとは飛行機を志望していた真藤だったが、研修で工場見学などを行っているうちに考えが変わってきたのだ。

「飛行機が寸法でミリ単位、重量でグラム単位であるのに対し、船はインチとトンが単位で、私のような大雑把な人間には、どうも飛行機は不向きではないか、と思うようになっていた」

真藤は、日本電信電話公社の総裁という大きな仕事を頼まれたとき、あっさりと二つ返事で引き受けている。人生の岐路に立ったとき、真藤は軽やかに選択する思い切りのよさがあった。

このときも「ぼくは船にするよ」とあっさりと翻意し、周囲の仲間もそれに従ったという。代わりに、本来、造船を志望していた学生が飛行機の志望に変えるという、逆転現象が起きて教師を戸惑わせた。教師から「これは、あべこべじゃないか」と言われると、真藤は、次のように書いて紙を提出している。

「一同協議の上、右の通り翻意仕り候。クラス幹事・真藤恒」

真藤には、周囲の空気を読まずに一人で突き進む力だけではなく、周囲をも巻き込んでしまう人間力があった。

それは、造船の分野に進んでから、ますます発揮されることになる。

目指すは「都合のよい人間」

造船学科に進んだ真藤は、大学卒業後は播磨造船所に入社。造船の設計に携わることになる。大学では熱心に学んだものの、実際に船の製造工程を見たことはなかった。図面がどのように具現化されて、船が完成するのか。入社にあたって、真藤は現場との交流を心待ちにしていた。

しかし、その期待は裏切られることになる。入社してみると、設計部と現場には大きな壁があり、ほとんど行き来がなかったのである。

NTT初代社長真藤恒。（写真：NTT）

ならば、と真藤は、勝手にせっせと現場に足を運んだ。

当時、設計部の人間が現場に顔を出すことは、さぼっているとみなされたが、真藤は空気を読まない男である。昼食後、ほかのみんなが将棋や囲碁で遊んでいるときに、現場に顔を出し、作業をする人たちに話しかけては、さまざまな設計に対する要望を引き出していく。図面の上だけではわからない、現場で格闘しているからこその生の声がそこにはあった。

現場にとっても、頻繁に顔を出して「話を聞かせてほしい」という設計部の新人に、悪い気はしなかったのだろう。溢れ出る要求に真藤が耳を傾けているうちに、昼休みが過ぎてしまい、数時間も経つことがあった。当然、上司からは注意を受けることになる。

「2時間も3時間も現場を離れては困る。今後は注意をするように」

新人の勇み足を諫めよう。そんな上司の思惑だったに違いないが、真藤にはまるで通用しなかった。すぐさま、こう言い返している。

「いや、注意はしません。そうはいいますが、私が担当している船で一度でも図面を催促されたことがありますか。大きな間違いを犯して部長に叱られたことがありますか」

真藤は、現場からの注文に合わせて、一つひとつの設計図に取り組んでいた。また、船の修理にあたっては、どんな材料がどれだけ必要で、工場でストックされている資材で間に合わせることができるかどうかを、すぐに見当をつけなければならない。現場を熟知する真藤は、普段から倉庫に顔を出しているため、判断のスピードがほかの人よりも速く、設計図の精度も高まることになった。

それだけではない。真藤は、図面を書く速度を上げるために、書く道具を改善させていた。当時は、二枚羽でできたカラス口という道具で設計図を書くのが一般的だったが、真藤は自腹を切って、大量の鉛筆を買い、それを使って図面を手早く書くようにしていた。すると、カラスロでは1週間かかっていた図面書きが、鉛筆ならば、1日で終わらせられることがわかった。

　時間をかけて仕事がしたい先輩からは反発されたが、真藤が聞く耳を持つわけがない。改善すべきものは、改善するのだ。初めは真藤だけが鉛筆で書いていたが、明らかにスピードが速くなっているのを見て、無視することもできなくなった。やがて全員が真藤にならい、鉛筆を使うようになったという。

　手早く図面を正確に仕上げる真藤のもとには、どんどん仕事が集まりつつあった。しかも、現場から図面を差し戻されることもない。それだけに上司も、真藤の現場との交流について、それ以上は何も言えなかったようだ。

　マネジメントをするうえで、職場を改善させることは欠かせないが、大切なのは、改善させた結果、どうなるかということ。それを示さなければ、誰も後には続かず、改革は志半ばに終わってしまう。

　真藤はそんな改善を重ねながらも、独善的に陥ることなく、むしろ、他人にとって「都合のよい人間」になることを目指していたという。

「いいかえれば、世の中の人はみな自分に都合よくやってくれる人間を、鶏の目鷹の目で探しているもので、能力ある人間は必ず引っ張りだこになる」

この信条を貫くことで、通信事業という一大事業を任されることになるが、当時の真藤はもちろん、そのことを知る由もなく、ただ目の前の改善に全力を尽くしていた。

作業環境を変えるＡＳＫ活動

「ミスター合理化」。

その呼び名には、どこか冷たさを感じるが、真藤は決して、利益だけを重視して、改善を進めたわけではない。播磨造船所では、現場での対話を通じて、合理的な図面設計を追求した真藤だが、造船業界が活気づくにつれて、一つの心配事が胸から離れなくなった。

それは、事故が多いことだ。日本全体の１００万労働時間当たりの休業災害数率は50％に上ることもあり、造船の現場でも、死亡事故や再起不能に陥るような事故も出ていた。

対応策としてできることは、もちろんすでに手を打っていた。足場に手すりをつけたり、頑丈にしたりすることで、事故は確かに減少していた。だが、それでも少なからず、事故は起きてしまう。

どうすれば事故をなくすことができるのか。悩んだ真藤が向かったのは、やはり現場だった。ただし、今度は声を拾っただけではなく、造船の工程別に5～6人のグループをつくり、こう呼びかけたのである。

「ともかくケガをしないために、仕事のやり方、作業場の環境などどう変えたらいいか。また新しい道具でどんなものを導入したらいいか、方法を考えてくれませんか」

週に1～2回、小さなグループでの本気の話し合いを行うと、初めは戸惑っていた作業員たちも、少しずつ意見を出し合うようになった。真藤は職場環境を変えるためであれば、費用がかかる要望であっても実現させると、現場に約束していた。必ず上層部を説得するという強い気持ちがなければ、なかなか言えないことだろう。そんな真藤の思いに、現場も応えようと、話し合いは熱を帯びていく。

話し合いを重ねていくなかで、まずやるべきことが明らかになった。それは「職場の整理整頓」。造船所の作業所は、どうしても乱雑になりがちである。それらを片付けないこと

1929（昭和4）年頃の播磨造船所。（写真：相生市立歴史民俗資料）

には、事故の原因も見えてこない。また、足元がすっきりしていないと、何か物が上から落ちてきた場合も逃げることが難しく、深刻な事故につながってしまう。

真藤は、率先して職場の整理整頓と掃除の徹底を呼びかけ、そのためには、作業を遅らせることもよしとした。そのうちに、溶接する道具の改良や運搬の合理化など、ケガをなくすアイデアも次々と出始めてきた。

通路と物の置き場所がはっきりと区別できるほど整理整頓がなされると、おのずと作業効率が上がった。かつては鋼材1トン当たり、75時間かかることもあった加工労働時間が、15時間以内に抑えられるようになったのだ。そうして作業効率が上がると、品質も自然に向上していく。一つの工程のあとに手直しする「後戻り作業」が大幅に減少したのである。

さらに、合理化によって、足場をかけなくてもよいような設計や工作法に変えると、足場板のカケ外しは30万枚から10分の1まで減り、休業災害数率も半分近くまで下がった。安全な職場を目指して、整理整頓に着手したことから、思わぬ好循環が生まれることになったのだ。真藤は次のように振り返っている。

「安全という観点から徹底的に詰めていくと、結局は、もっとも合理的な作業環境の中でで、もっとも合理的な人間の動きを実現することになる」

真藤はこのときに初めて挑んだ「小集団活動」に手ごたえを感じていた。作業の安全性(A)、顧客の要望への即応(S)、投資の効率化(K)を図る「ASK活動」として、のちに電電公社で大いに推進することになるのだった。

現場の抵抗に負けずに「手抜き」という合理化を

真藤は1951(昭和26)年、41歳で米国系のナショナルバルクキャリアーズ(NBC)で、呉造船所へ出向。終戦直後で、海軍の造船部門がまるごとなくなった呉市では、失業問題が深刻化したため、その対策に政府が誘致したのが、NBCだった。

10年の約束でNBCに送り込まれた真藤。戦後、タンカーが大型化する時勢をとらえて、新しい船型を開発することに成功。それは、大量の石油を運べるようにするために、船の幅を極限まで広げるというもので、これまでの船舶設計の常識を覆すものであった。

もちろん、ただ広げただけでは、船の走行スピードが落ちてしまう。そこで真藤はさらにアイデアを練った。思いついたのは、船首にふくらみをもたせた、ズングリむっくり型の船型だ。昔の帆船にヒントを得たこの船型は、のちに「真藤船型」と呼ばれて、世界中の船の設計に影響を与えることになる。他人の真似を嫌った、いかにも真藤らしい船形革命だといえるだろう。

だが、真藤が不在にしている間に、播磨造船は業績不振に陥っていた。日本3位の造船メー

石川島播磨重工業。（写真：東京都港湾振興協会）

カーでありながら、1958（昭和33）年からの2年で、受注残高が3分の2に減少。売上高も半減という危機に、土光敏夫（どこうとしお）が率いる石川島重工業と合併し、石川島播磨重工（通称IHI）として生まれ変わることになった。

新生・石川島播磨重工の造船部門を任せられる人物は誰か――。

そんな「都合のよい人物」は一人しかいなかった。土光敏夫の働きかけによって、真藤に白羽の矢が立ち、呼び戻されることになる。1960（昭和35）年のことだった。

真藤が「世の中の人は、何かの目的を達成するために適材となる人を血眼になって探しているものである」とよく語るのは、自分の経験からの実感にほかならないだろう。

久々の播磨造船に戻ってくると、真藤イズムはすぐさま発揮された。現場を見ていると、パイプ類のストックが膨大で、多くが破棄されていることに真藤は気づく。よく調べると、一種類ずつのストック量は問題がないようだ。原因は、サイズの種類が多すぎることにある。原因を突き止めた真藤は、またもや大胆な改革を行うべく、現場にこう呼びかけた。

「今後購入するパイプは2種類の寸法に限る。それ以外は買ってはいけない。そして、今あるストックについては、標準寸法の代用品として使って、一掃してください」

2種類とは、直角と45度曲げの2つのこと。現場からは大きな反発が上がった。図面の内容を全面的に変えなければならないのだから、当然である。それでも真藤が空気を読むことはない。たとえ嫌われてもやるべきことはやる。それが真藤イズムだ。

だが、それでいて、現場を重視する気持ちを失ったわけでももちろんなかった。この2種類のパイプだけで、事足りることは、NBC呉船造所ですでに実証していた。しかも、事前に現場を視察したところ、細いパイプがまっすぐに通って、太いパイプがそれをよけるようなナンセンスな設計が行われていることも確認しており、真藤は必ずこの改革は実現できると踏んでいたのである。

狙いどおり、真藤の試みによって、パイプやバルブ類の寸法は、標準寸法のものだけになり、在庫状況は大幅に改善された。合理化について、真藤はこんな表現もしている。

「合理化とは極端にいうと〝手抜き〟を考えることだ。なぜなら手抜きを考えると、自分の周りの基本的なことをきちっと整理するようになるからだ」

パイプを2種類に絞るのも、手抜きの好例といえるだろう。手抜きだからといって、現場に歓迎されるわけではない。現場が嫌うのは、いつでも「変化」である。確信を持って進められるだけの現場感覚と、必ずやるという強い信念がそこには必要となってくるのだ。

また、真藤はコストを下げるための努力を常に現場に求めた。外資系での勤務が、従来の合理化により拍車をかけた。社内報では次のような抱負も語っている。

「要するにだれでもやるようなことをやるのはだめなので、他人に一歩先んずることです。私は造船屋ですが、部品の流れの工程管理と工作物の幾何学的な正確性を向上させれば、当然いい船が安くできるはずです」

1972（昭和47）年、真藤は社長に就任。石川島播磨重工のトップとして、さらに改革を推し進めることとなった。

通信の自由化で強い組織づくりを図る

1980（昭和55）年の暮れのことである。旧知の土光から電話が入る。

「電電公社の総裁は、きみってことになりそうだが、どうかね」

自宅に折り返した電話で、真藤は突如、そう告げられた。

このとき、真藤は70歳。造船不況には勝てず、大規模リストラを敢行し、その責任をとって、石川島播磨重工の社長を辞任したのが、その前年のことだった。

土光とは、石川島播磨重工に呼び戻されたとき以来、すでに20年以上の付き合いである。一蓮托生の覚悟は決まっていた。

「私のことはあなたに白紙委任状を出してあるのだから、どうぞお好きなように」

大決断ほど、あっさり下す。決まった運命には抗わず、ただ徹底して改善を繰り返すのみ。そんな信条を持っていたのだろうか。真藤は特に迷うこともなく、五代目の

当時の日本電信電話公社。現NTT日比谷ビル。（写真：NTT）

日本電信電話公社の総裁に就任。報道陣を騒がせた。

だが、年を重ねても、地位と名誉を得ても、真藤の現場を改革する姿勢は何も変わっていなかった。

電電公社の総裁になり、初めに目についたのは、各局から上がって来る10ページにも及ぶ報告書だ。真藤はコンピューターのシステムエンジニアをならって、ダイヤグラムで書類を作成するように指示。そのうえ、2ページ以内に収めるように求めた。

さらに書類の整理を進め、本社だけで4トントラックで50台分にも及ぶ不要書類を破棄。そのおかげでフロアのスペースが広がったというから、かつての現場での整理整頓を思わせる改革である。真藤の職場環境を変えるASK活動は、新天地でも大いに発揮されることとなった。

そして、真藤イズムは、通信事業の自由化を推進するまでに至ることになる。なにしろ、造船業では、国内にとどまらず海外を相手に50年にわたってしのぎを削ってきた真藤である。想像はしていたものの、競争のない電電公社のままでは、改善にも限界があると考えたのだろう。

1985（昭和60）年、電電公社の民営化が果たされ、NTTの社長になった真藤は、競争力をつけるために、3つのポイントを上げている。

まずは「技術力」である。民営化されたことで、通信設備の使い方は自由になった。新しい機械をいかに使いこなせるか。ハードとソフトの両面での技術開発力をつけて、顧客の新しいニーズに絶えず応えることが必要だとした。

次に「日常のサービスの改善」だ。顧客がサービスを使いやすいように体制を整備し、故障の少ない設備の実現を目指した。苦情を言ってくる顧客はまだよいほうで、不満に思いながらも、顧客は黙って離れていく。日常サービスを少しでも改善することは、顧客イメージをアップさせるうえでも重要となる。

そして、3つ目は「料金の競争」。赤字になれば、電話料金を上げればいい。真藤は電電公社の総裁に就任して以来、そんな空気を察していた。だが、民間となればそうはいかない。値下げにも対応できるような財務状態を目指して、業務の効率化を推進した。その結果、長距離の電話料金を5～6回下げながらも、黒字の収益構造に変えることができたのである。

なぜ、そういう変化が生じたのか。やはり民営化を控えて社員が自分たちのやり方を変えようとの意識が生まれ、それを着実に実行していったからである。

現場の改善で経営状態は大きく変えられる――。

常にそんな思いで、改善に改善を重ねた真藤イズム。人手不足に原価高騰と、経営が困難を極めている現代だからこそ、改善への飽くなきその姿勢に、見習うべきものは多いのではないだろうか。

参考文献

真藤 恒『習って覚えて真似して捨てる』NTT出版、1988年

真藤 恒『電電ざっくばらん』東洋経済新報社、1982年

山岡 淳一郎、土光 敏夫『「改革と共生」の精神を歩く』ウェブ平凡、2012年

まとめ

- 業務を改善するヒントはいつでも現場にある。頻繁に足を運び、現場の声に耳を傾けて、改善点があれば修正していく。現場から離れてしまっては、現実味のないマネジメントになりかねない。
- どんな立場の相手にとっても「都合のよい人」になることを目指そう。そうすれば、おのずと自身のニーズは高まり、意見も通りやすくなる。
- 作業スピードを重視すること。そして、それを磨くための努力と投資は惜しまないこと。
- 業務を改善する基本は整理整頓にあり。徹底して整理することで、問題点が明らかになり、作業効率も上がり、品質はおのずと向上する。
- 合理化とは「手抜き」をすること。無駄を減らすためには、時に業務全体を根底から変えることも恐れてはならない。
- 競争相手を意識して、常に自己をチェックし、改善点を一つずつ解決していくこと。自分の強みも明らかになるはず。
- どんな困難を前にしても「できない理由」を探すのではなく、「できる方法」を徹底して模索すること。

堀内平八郎 と 書馬輝夫

「常に極限」がスタンダード、浜松ホトニクスの開発者魂

堀内平八郎●ほりうち　へいはちろう　1915（大正4）～1997（平成9）年
浜松テレビ株式会社（現・浜松ホトニクス）の創業者。光技術と産業を結びつけるというのが創業の理念であった。テレビの父・高柳健次郎の教えを受けた若者たちが起こした小さなベンチャー企業を、世界に名だたる光技術メーカーに成長させた。その技術者精神が「常に極限を目指す」である。

晝馬輝夫●ひるま　てるお　1926（大正15）～2018（平成30）年
浜松ホトニクスの創業メンバーの１人。1978年から2008年まで長く社長・会長を務めた。後にノーベル物理学賞受賞の要となったニュートリノ観測装置（カミオカンデ）に使用された光電子増幅管の開発を指導した。社会に貢献する技術を目指し、堀内とともに会社を成長させる原動力となった。

ノーベル賞を三度も支えた新技術

科学者にとって最高の栄誉――ノーベル賞。

三度にわたってノーベル物理学賞を支えた企業が、日本にあることをご存じだろうか。その企業の名は、浜松ホトニクス。その技術なくしては、三度の偉業は達成できなかったといわれている。

一度目は、２００２（平成14）年にノーベル物理学賞に輝いた小柴昌俊氏（東京大学特別栄誉教授）。どんな物質でも地球さえも通り抜けてしまう素粒子ニュートリノを、世界で初めて観測することに成功した。浜松ホトニクスは、ニュートリノ観測装置「カミオカンデ」に用いた光電子増倍管を開発し、ニュートリノがまれに水分子に衝突したときの微かな発光現象をとらえ、小柴氏の研究を支えた。

二度目は、２０１３（平成25）年に訪れた。ピーター・ヒッグス博士とフランソワ・アングレール博士は、浜松ホトニクスの半導体検出器を用いて、ノーベル物理学賞を取ることができた。両博士は１９６４（昭和39）年、素粒子「ヒッグス粒子」（ヒッグス博士の名に由来）の存在を理論的に予言した。ほぼ半世紀後の２０１２年、ＣＥＲＮ（欧州原子核研究機構）の加速器による実験でヒッグス粒子が発見されて、その翌年に受賞となった。この加速器の検出器に使われたのが浜松ホトニクスの製品である。

そして、二度あることは三度ある。2015（平成27）年、梶田隆章氏（東京大学宇宙線研究所長）が、ノーベル物理学賞を受賞。質量ゼロといわれていたニュートリノに質量があることを発見し、それまでの定説をくつがえした。「カミオカンデ」より大幅に性能を向上させた「スーパーカミオカンデ」を活用して、実験を成功に導いた。


「ノーベル賞を取りたかったら、わが社の製品を使えばいい」


小柴氏が受賞したときのインタビューで、晝馬輝夫（浜松ホトニクス会長）は、冗談交じりにそう言ったが、物理学賞に限っていえば、それはあながち事実から外れていないともいえそうだ。

浜松ホトニクスは1953（昭和28）年、堀内平八郎が「浜松テレビ株式会社」として創業したのが始まりである。事業目的は「光と産業を結びつける」こと。

堀内は浜松高等工業学校で、テレビ技術のパイオニアである高柳健次郎から薫陶を受けた。「日本のテレビの父」とも称される高柳のもとで学んだため、社名も「浜松テレビ」と付けることになった。テレビ局やテレビの修理会社と間違えられることもあったが、高柳の精神を継承しているという思いを、堀内は社名に込めたかったのである。

浜松テレビの発起人は、堀内を含めて7人。その中の一人に、のちに会長を務める晝馬もいた。会社組織ではあるものの、社員はたった数名である。晝馬は創業当初について、こう語っている。

「議論が高じて怒鳴り合いになることもしばしばであったが、今にこの浜松テレビを世界一といわれる光技術の会社にしよう、ということでは全員が一致していた」

こうして、わずか数人で始まった浜松テレビ。世界一といわれる光技術の会社に成長するために、どのような道のりをたどったのだろうか。

基本にかえって不良品の山を解消

ベンチャー企業が最初に直面する壁が、スタート時の資金繰りである。潤沢な資金で余裕を持って、新会社を立ち上げる例はむしろ少ないだろう。

セールスエンジニアでありながら、経理も担当した晝馬は金策に奔走した。だが、銀行に光技術の将来性を熱心に売り込むも、理解されることはなかった。仕方なく別組織として「企業組合浜松テレビ社」をつくって、商工組合中央金庫で低金利の融資を受けることで、急場を凌いだのである。

それでも事業のほうは、滑り出しは順調であるように思えた。設立当初から光電管を日本電気や松下電工へ納入。1カ月目の決算は、３０００円の利益を計上することができた。まずまずの結果に、堀内も晝馬も一安心したに違いない。

だが、それは一時のことだった。2カ月目に入ると、1カ月目に収めた製品の約7割が不良品として戻されてしまう。当時の測定器の質を考えれば、多量の不良返品は珍しいことではなかったが、立ち上げたばかりの会社にとっては死活問題である。3カ月目も同様の事態に陥るなかで、晝馬は帳簿をつけながら、日々、打開策を考えていた。

堀内平八郎。手に持つのは光電管。（写真：浜松ホトニクス株式会社）

そして、晝馬は一つの結論に思い至った。「真空管製図の基本に立ち返るべきだ」と。

まずは、これまで水道水で洗っていたのを、薬局から購入した蒸留水に変更。ガラス管を徹底的に洗浄することにした。

また、温度測定用の水銀温度計を改めて検査したほか、電気炉を自作して電圧と電流を計り、温度をコントロールするなど、製品の品質の向上のためにできることは、思いつく限りのことを行った。中学時代の物理と化学の教科書を読み直すことすらしたという。

晝馬輝夫。浜松ホトニクス名誉会長当時。（写真：浜松ホトニクス株式会社）

そうした努力の甲斐があって、不良返品は減少。松下電工に納品した製品にいたっては、感度が良すぎるがために、不良品に認定されたくらいだった。

このときの経験があるからだろう。会社が成長を遂げてからのことである。晝馬は、一流大学を卒業して入社してきた新入社員に対して、光電子増倍管に用いるガラス管を磨かせる、「タマ洗い」と呼ばれる作業を、ひたすらやらせたことがあった。

ある日、その新入社員が晝馬に対して、こんな不満を漏らした。

「毎日『タマ洗い』ばかりやらされていて、もちろん仕事だから一生懸命やっていますが、これはいつまでやればいいんですか」

晝馬は「場合によっては死ぬまでやってもらうかもしれんな」と告げて、相手をムッとさせたあとで、こう尋ねた。

「君は何のために『タマ洗い』をしているんだ？」

もちろん、それはガラス管をキレイにするためだが、その先には、ガラス管の感度を向上させるという目的がある。単純作業にも大きな目的があることを晝馬が気づかせると、その新入社員はガラスの表面がどうなっているのか。その構造にまで関心を持ち、ガラス管のキレイさを証明する計測技術まで開発してしまったという。

基本作業こそが重要で大きな意味を持つ——。開業当初に不良品で苦しめられたことから、その信念を晝馬はずっと持ち続けた。

初の大量生産への険しい道のり

一つ成功してはそれを捨て去り、新たなことに挑戦する。

それこそが、ベンチャー企業に課せられた使命であり、また、醍醐味でもある。

浜松テレビもまたそんな転換の時期にきていた。それまで主流としていた光電管などの電子管製品よりも、もっと感度の高い半導体製品、ＣｄＳセルに着目。ＣｄＳセルを製品化するために、製造部に半導体課を新設した。

しかし、配属されたのはたった一人、鈴木佐喜雄だけだった。鈴木は、浜松テレビの社員でありながら、技術協力関係にあった静岡大学電子工学研究施設で光導電材料の研究に従事。ＣｄＳセルの製品化にあたって、研究室から呼び戻されることになった。

だが、高純度のＣｄＳ（硫化カドミウム）を購入したのはいいが、早速、壁が立ちはだかった。粉末を焼結させるためのステアタイト基板が1枚30円と高額で、実験用として用いるのが難しかったのである。

頭を抱える鈴木のもとに、ある日、創業者の堀内が訪れた。脇には、丸い風呂用のタイル板を抱えている。この表面を削り落とせば、ステアタイト基板の代わりになるのではないか。そう鈴木に提案したのである。これならば、費用は1枚たったの10銭。鈴木の状況を知った堀内が知恵を絞った代用品だった。それは実験用に使うのにはちょうどよく、鈴木の実験は無事に進められることになった。

次なるハードルは量産化である。鈴木が研究室で行ってきた焼結方法では、量産が難しい。さまざまな文献をあたりながら、実際に試行した結果、シルクスクリーン法やスプレー法などで量産できることはわかったが、ともにRCA社という会社に特許が取られていた。文献の通りに行って、量産するわけにはいかなかったのである。

すると、またしても堀内が鈴木のもとを訪れた。だが、今回は解決法を示されたわけではなかった。堀内にもそればかりはわからなかったのだろう。ただ、「新しい独自の方法を考案するように」と、鈴木に指示を出した。

現場が困難に陥ったとき、方向性を示すのもまた、マネジメントの重要な役割である。堀内から指示を受けた鈴木は、吹き付け、焼結、蒸着、ガラス封入、排気、測定をたった一人で繰り返す日々を送った。硫化カドミウムで、鼻腔から下着まで全身を真っ黄色にしながら、試行錯誤したのである。

実験開始から約10カ月後、CdSセルの製品化に漕ぎづけることに成功。ある日、自宅にいた鈴木のもとに、堀内からこんな電話がかかってきた。

「日本ビクターの高柳健次郎さんから、テレビ用部品としてCdSセルをわが社で量産するように要請があった。来年の春から月に千個単位で購入するとおっしゃっている」

大口の注文である。だが、まだ量産方法までは確立できていない。納期の問題もあるため、RCA社と技術提携を結ぶことになった。

それでももちろん、鈴木の努力が無駄になったわけではない。

従業員を総動員しつつ、浜松テレビは、従来の品種少量生産の枠組みから脱して、初めての大量生産という大きな目標を達成することができたのだ。

目指すのはいつも「極限」

新しい技術を用いて製品化する場合、「採算がとれるのかどうか」が一つのハードルとなる。つまり、市場があり、ニーズがあるのかどうか、ということだ。その点、浜松テレビが開発に取り組んだ赤外線用ビジコンは、本来、採算のとれない製品だった。

被写体の像を電気信号に変換するための電子管のことを「撮像管」と呼ぶ。そのなかでも、光導電面に電荷を蓄積する蓄積型撮像管が「ビジコン」である。ビジコンは、もともと浜松テレビの主力商品ではあったが、1958年頃から風向きが変わってきた。RCA社が高感度のビジコンを発表したことで、大手の参入が相次いだのだ。

ベンチャーが大手と競合しては勝ち目がない。いかに独自性を出すか——。

そう考えたときに、浜松テレビが選んだ道が、赤外線、X線、紫外線などの不可視光領域でのビジコンである。技術協力関係にあった静岡大学電子工学研究施設で研究が行われ、浜松テレビで実用化が進められた。

赤外線用ビジコンの試作品を作るにあたっては、まず、氷水のなかにビジコンの面板部分を付けて0度まで冷却。そして、酸化鉛を酵素中で蒸着するという方法を採っていた。だが、それでは良好な感度が得られないために失敗。別の方法が必要だった。

そこで、真空中での蒸着に切り替えてみたところ、今度は光導電面にヒビ割れが多く発生してしまった。それならば、と今度は、常温に戻してから真空中で蒸着するようにすると、ヒビ割れまでは防ぐことに成功。試作品はなんとか作ることができた。

だが、それでもどうしてもキズは残る。キズがあれば、画質が劣化してしまうため、ビジコンとしては致命的である。どうすれば、キズをなくすことができるのか。開発担当者の格闘は、実に3年にも及んだ。

その頃までには、すでにRCA社をはじめ大手メーカーが次々と赤外線用ビジコンの開発から手を引いていた。特殊分野では一定のニーズが見込めるものの、それ以上の広がりはない、そう考えられていたからだ。実用化までの困難を思えば、それが通常のビジネスの感覚だろう。だが、浜松テレビだけは開発を続けた。もはや利益を上げる商品としてではなく、研究対象として実験を重ねたのだ。

そして、1964（昭和39）年の春、ついに工業規格に見合うレベルでの赤外線用ビジコンの開発に成功。半年後には、通商産業省に企業化申請が行われた。

その結果、赤外線用ビジコンは、数量こそは少ないが、学術研究の分野で活用が進み、高い評価を受けることとなった。NASA（アメリカ航空宇宙局）から注文が入ることもあったというから、企業イメージを大きく向上させる商品開発となった。

「常に極限を目指す」

それこそが、浜松テレビの開発における姿勢であり、それが現れた顕著な例が、この赤外線用ビジコンだといえるだろう。

テレビに新たな役割を与える

浜松テレビによる新技術への挑戦を知れば知るほど、その高度さや緻密さに圧倒されてしまうが、発想の源泉は意外とシンプルである。

１９６７（昭和42）年には、テレビ式動変位計（ビデオ・アナライザ）の開発に着手。これは、本格的な画像計測装置で、計測装置としてテレビを活用しようという試みである。このアイデアも晝馬のたった一言が、きっかけになった。

「テレビジョン画像には無数の情報が入っている。ただ絵を見るだけではなく、テレビは計測にも使えるはずだ」

テレビはただ画像を観るものというのが一般的だった頃に、晝馬は別の役割はないかと考え、テレビの可能性を広げようとしたのである。

新しい事業というと「ゼロから物を考えなければならない」と思い込みがちだ。だが、すでに浸透している商品に対して、新たな役割を与えることでも新技術は生まれ、新事業へとつながっていくことがある。発想の次に大事なのは、それをすぐに具体的な行動に移すこと。会社規模で動かす事業ならば、新しい部署の立ち上げとなる。

晝馬は１９６１（昭和36）年に、計測用テレビカメラの開発を目的とした回路部門を発足させ、画像計測装置を主としたシステム製品の開発を推進した。その際に、「計測用テレビジョン」という、これまでになかった言葉も考案している。

そして開発のめどが立てば、販売への注力も並行して行う。計測用テレビジョンの場合は、販売を専門に担う「テレビ販売」という部署を立ち上げて、売り込みを開始した。

もっともこれまでにない発想は、簡単には受け入れられない。それでも斬新な技術は必ずどこかにニーズがある。建設や造船などの分野において、ビデオ・アナライザの技術は少しずつ着目されていくことになる。ビデオ・アナライザによる画像測定は、リハビリテーションの世界でも活用され、晝馬さえも想像しなかった広がりを見せた。

思いつきを具現化して徹底的に精度を上げていく。その粘り強さが浜松テレビの強みであり、新技術で世界を変える土壌を常につくり続けることになった。

世界唯一の「カミオカンデ・プロジェクト」へ

幾多もの「ミッション・インポッシブル」を可能にしてきた、浜松テレビ。

1983（昭和58）年には「浜松ホトニクス」に社名を変更し、顕微鏡用カメラシステムや光子・粒子計数型画像計測装置を発売するなど、常に新たな挑戦をし続けてきた。

しかし、そんな社風をもってしても「実現が難しいから断ろう」としていた事業がある。それは、テレビのブラウン管並みの大きさを持つ光電子倍増管である。それは、きわめて微弱な光を受け取って電子に変換。倍増させる真空管のことで、通称「ホトマル」と呼ばれた。

「直径25インチのホトマルを作ってくれないか」

そう依頼した主は、小柴昌俊氏、その人である。持ちかけられた1979年当時、小柴氏は、東京大学理学部内の高エネルギー物理学実験施設で、施設長・センター長を務めていた。そのときのことを晝馬はこう振り返っている。

「先生の研究者としての並々ならぬ熱意と気概に感じ入りながら、正直言ってその途方もなさに唖然としていました」

晝馬が唖然とするのも、無理もない。当時、光電子倍増管は1インチもしくは、1・5インチ径が主流だった。浜松ホトニクスは8インチ径に挑戦しようとしていたところだった。小柴氏が要望する25インチ径は、まさに規格外の製品である。いくら何でも無茶だと考えるのが当然だろう。

だが、小柴氏の研究室を訪ねた晝馬は、壁にかけてある宗教画に心を動かされる。常に絶対真理を求めることこそが、研究者のあるべき姿ではないか。そう感銘を受け、晝馬はこのとてつもない要望に応えることを決意したのである。

小柴氏がそれほどの大きさの光電子倍増管を要望したのには、もちろん理由があった。それは「カミオカンデ・プロジェクト」だ。

カミオカンデとは、岐阜県吉城郡神岡町にある東京大学宇宙線研究所神岡地下観測所に設置された、核子崩壊観測装置のこと。1983年に、陽子崩壊を実証するために製造されたものだ。もし、陽子の自然崩壊が観測されれば、宇宙の始まりを説明する物理学の「大統一理論」が実証されることになる。

このビックプロジェクトに必要となるのが、大口径の光電子増倍管だった。

「とにかくやってみろ」

晝馬が現場に指示を飛ばし、技術部電子管グループが電子軌道設計を、技術部基礎計測グループが測定および評価を、製造部第5部門が試作全般をそれぞれ担当。検討を重ねて、25インチには及ばないものの、20インチ径光電子増倍管の開発に着手することになった。

最大の難関となったガラスバルブとステムの封止作業や、水圧に対する特性、耐振性の向上、電極の支持と、ハードルを一つずつ乗り越えながら、開発は進んでいく。課題解決にあたっては、これまで浜松ホトニクスで蓄積されてきた技術が総動員されることとなった。

そんなこれまでの開発の集大成ともいえる20インチ径光電子増倍管「R1449」は、1981年1月に試作管が完成。東京大学に納入され、翌月に事実上の開発が終了することと

晝馬輝夫と20インチ光電管。（写真：浜松ホトニクス株式会社）

なった。

1981（昭和56）年7月から観測がスタートした。小柴氏は、装置から得られるデータが想像以上に良質なものであることを確認。R1449の性能の高さが裏づけられた。

カミオカンデは、陽子崩壊の瞬間を待ち続けると同時に、約9日に1回の割合で太陽ニュートリノを検出。小柴氏は人類初のニュートリノ観測に成功した。これによって、小柴氏はノーベル物理学賞を受賞することになる。

そうして偉業を達成しても、プロジェクトは進化し続ける。

同年8月には、東京大学から「スーパーカミオカンデ（大型水チェレンコフ宇宙素子観測施設）」計画が発表。浜松ホトニクスは、R1449からさらに改良を重ねてR3600－05を開発した。その後も、ノーベル物理学賞

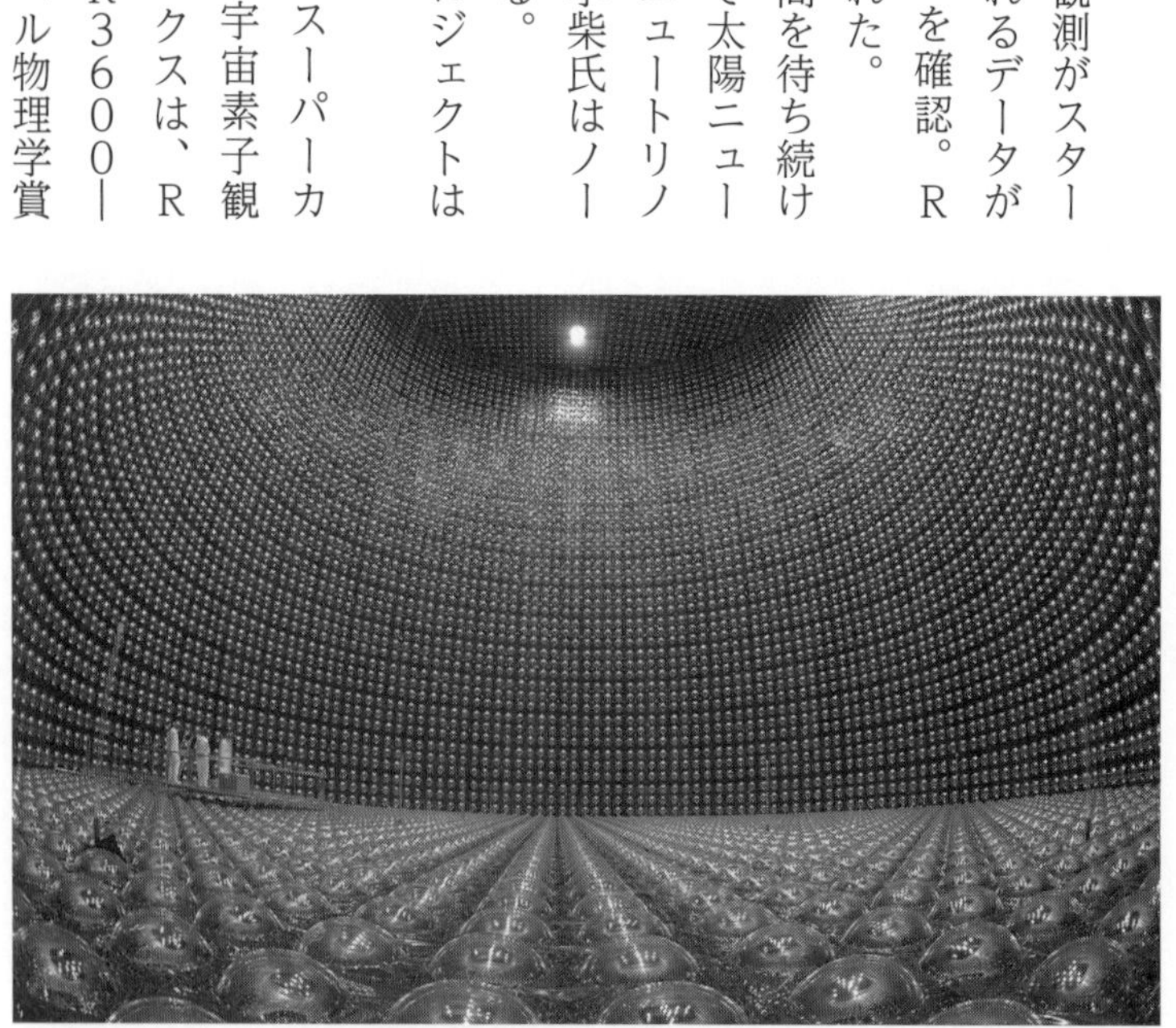

水を抜いたスーパーカミオカンデの内部。壁面も底面も光電管がぎっしり並ぶ。左端に3人の研究員の姿が見える。（写真：東京大学宇宙線研究所）

につながる発明に寄与し続けているのは、冒頭で書いたとおりである。

なぜ、浜松ホトニクスは、それほど研究成果を上げることができたのか。その原点にあるのが高柳健次郎のスピリットだ。

高柳は、学生たちによくこう説いていたと、堀内は回想している。

「それは何のための技術なのか。また、それが世の中のためになる技術であるかどうか、という問いかけをつねに研究の根本に置け」

何をもって起業の成功とするかについては、それぞれ答えはあるだろう。

だが、利益第一では、いつかは行き詰まってしまう。何より大切なのは社会に貢献するための企業理念であり、それを実現できれば、利益はあとからついてくるはずだ。

堀内や晝馬は、それが社会に貢献する技術かどうかを常に自身に問いながら、新技術の考案に心血を注ぎ、全従業員を巻き込んで突っ走ってきた。

そして、そんな浜松ホトニクスの挑戦は、今もなお続いている。

参考文献

浜松ホトニクス40年史編さん委員会『光と共に―浜松ホトニクス40年の歩み』浜松ホトニクス株式会社、1994年

晝馬輝夫『知らないこと、できないことに価値がある―ノーベル賞を2度も支えた企業の「やらまいか魂」』幻冬舎、2014年

まとめ

- 創業時は設立メンバーで意見をぶつけながら、共通の理念をしっかりと確認し合うことが企業の成長につながる。
- 困難にぶつかったときは、あらゆる作業を見直して、基礎に徹底的に立ち返ること。
- コスト面での障壁は、代替案で乗り切れないないかを常に模索する。
- 経営者は常にビジョンを持ち、それを現場に示し続けることが大切。
- 新技術は、採算性よりも希少性を重視することで、結果的に思わぬ市場を開拓することがある。大切なのは思いつきを諦めないこと。あらゆる手を尽くして、アイデアを実現させようとすれば、道は拓ける。
- 独自性のある技術を極限レベルまで突き詰めることで、ニッチな市場での価値が高まり、他の分野への応用へとつながっていく。
- 投げかけられた要望は、理念に共感できれば、それがどれだけ難しいものであっても、あらゆる視点から可能性を探って、実現に漕ぎつけよう。
- 新しい事業はそれが社会にどう役立つかを突き詰めること。事業の成功は、その理念に社会意義があるかどうかにかかっている。

山田昭男

企業の常識をくつがえす 型破りな経営者

山田昭男●やまだ　あきお　1931（昭和6）～2014（平成26）年
岐阜県に本社を置く未来工業の創業者。電気設備資材や給排水設備資材などの製造販売会社で、山田とその仲間が一代で築いた。「半歩先をいく」製品開発で成功。山田の経営哲学は従業員に「やる気」を起こさせ、前向きなプラス思考を引き出すこと。従業員の幸福を第一に考え、最短労働時間を目指し、年末年始の休日は19日間、夏季休暇は10日間である。

未来工業の創業者の生い立ち

山田昭男は、未来工業の創業者である。未来工業は、どの建築現場でも使われる建築資材を常に工夫し、改良し、使いやすくするための努力を惜しまないことで成長した企業である。

松下電工という圧倒的なシェアを誇る企業がすでに存在している市場に、新規参入するため「同じ物を作ってはいけない」という社長の強い意志が従業員に行き届いている。社長自身は技術者ではなく、アイデアを従業員から募集し、人を育て使うことが得意な経営者である。

未来工業は岐阜県の企業の中では、平均給料が一番高く、それでいて残業がない。全員が正社員で、パート、アルバイト、派遣社員はいない。ローテクながら独自性のある製品を作り続ける独特の発想と差別化戦略で高収益を上げている企業である。

この型破りな社長の経営論をぜひ紹介したい。

まず簡単に生い立ちを見てみよう。

1931（昭和6）年に中国上海に生まれる。1945年太平洋戦争の終戦で、日本に帰国する。1948（昭和23）年旧制大垣中学校（現在の大垣北高等学校）を卒業、父親の経営する山田電機製造所に就職する。しかし、仕事をあまりしないで演劇活動に熱を上げていた。1965（昭和40）年に父親の会社をクビになる。

未来工業の創業者、山田昭男。（写真：未来工業株式会社）

そこで、演劇仲間の清水昭八と建設用電設資材を扱う未来工業を設立し、社長になる。父親の会社と同業である。父親の会社時代に培った営業力と清水昭八の商品開発力で、会社を成長させ、１９９１（平成3）年に同社を名古屋証券取引所市場第二部に株式を上場させた（その後、２０１８年12月東京証券取引所第一部、名古屋証券取引所第一部に上場）。２０００年に同社相談役に退き、２０１４（平成26）年7月、逝去。享年82歳。

山田社長は、演劇活動の経験から従業員の休暇や時間外について独特な考え方を持ち、独創性のある従業員を育成し、特徴ある経営を実践している。

「常に考える」ことを社訓とし、商品差別化で生産性を向上させ、高収益を維持している型破りの経営者であった。

半歩先を行き「既存製品と同じものは作らない」

未来工業は、山田昭男（以下昭男）が演劇にのめり込み、父親の会社をクビになったことから、演劇仲間4人が集まって創業した。4人とは、劇団「未来座」のメンバー3人に、現場にいた女性1人を加えたもの。資本金50万円は、昭男社長と清水昭八（後の会長）が25万円ずつ出し合った。つまり何の準備もなく、あるものといえば昭男が父親の会社で営業をしていた17年間に築き上げた得意先の人脈のみであった。

最大の競合相手は、大企業の松下電工である。同じものを作っていたのでは勝ち目はない。そこで、昭男は、「必ずどこかに工夫のあるものを作ろう」と考えた。「他社と同じものは作らない」という基本方針を決め、実践していくことになる。

商品開発は清水昭八が、営業は昭男が担当した。電設資材は、漏電防止等で材質や作り方で大きな差をつけることはできない。材質や規格が電気用品取締法で決まっており、仕様を大きく変えることはできないという制約があるからだ。そこで、ローテクながら半歩先を行く製品を作ることを目標にした。

創業当初に加えた「半歩先の」改良とは、具体的には次のような商品である。当初は、商品開発はすべて清水昭八の発案で行っている。

①透明のジョイントボックス（電気配線をつなぐ部分）の台座の穴にギザギザをつけた

法律ではジョイントボックスは木ネジで天井の裏木などに固定することになっている。釘ではいけない。職人は、ジョイントボックスをつけるとき、台座と木ネジを左手で押さえて固定しつつ、木ネジを右手のドライバーで回す作業をしていた。それまでのジョイントボックスに開いている穴がつるつるのため、木ネジを穴に差し込んでもつるっと落ちてしまう。その穴をギザギザにすることで木ネジが落ちにくいように改良したのだ。非常に簡単なアイデアだが、これで「ビス脱落防止装置付き」となって、商品が売れたのである。

②ジョイントボックスの台座にステップルを使える穴を開けた商品を開発

ステップルとは、電線を柱に止める針のことで、ホチキスのようなものである。法律で必ず木ネジで止めなくてはならないが、ステップルで仮止めすることで、作業が容易になった。

③ジョイントボックスの透明なカバーを取り付ける部分に小さな壁を作った

この壁のおかげで、カバーを押しすぎて潰してしまうこ

透明ジョイントボックス。ワンタッチで取り付けられるロック式。ビス脱落防止装置付き。（写真：未来工業株式会社）

とがなくなった。カバーを外して作業することも多く、この小さな壁はカバーの割れを防いだ。

④四角型のジョイントボックスを製造した

それまでの丸形透明のジョイントボックスの形を変えただけだが、その使いやすさで市場に大いに受け入れられた。電設資材は、法律により縦横寸法、原料まで決められているので、商品の差別化が難しいと思われていた。しかし、少し工夫を加えるだけで、外見はほとんど同じでも使ってみると具合がいいという、プラスアルファの大切さを思いついたのである。

⑤スイッチボックスの取りつけ穴を増やした

スイッチボックスとは、点灯スイッチやコンセントの裏側の壁の中に埋められている部品で、その木ネジを通す穴を2つから4つにした。

⑥スライドボックスのビスを15㎜から20㎜にした

15㎜という常識を打ち破った。スライドボックスを取りつける壁が、設計よりも少しだけ深くなっていても取りつけられるようになり、多くの職人に好評を博した。

⑦ビス穴にビニールテープを張った

工事中に泥が詰まるのを防止するためである。続いて、このビニールテープをアルミテープに改良した。そうすることで、金属探知機に反応するようになり、壁の中にあるスイッチボックスの位置がわかるようになったのである。

⑧スイッチボックスに付けるビスをどのビス規格にも合うようにした

ミリ規格、インチ規格、ＩＳＯ（日本品質保証機構）規格の３種類あるビス規格のどれにも合うように、ナットの溝を深く切ることで、どのビス規格にも対応するように改良した。

スライドボックス。穴開けポイントに磁石つきという工夫が加わった。（写真：未来工業株式会社）

このような、原材料に大きなコストはかからないが、製造に手間がかかる商品を次々と開発していった。発売する全商品にこの小さな差別化を徹底したことで、未来工業の成長が始まったのである。

「他社と同じものをつくらない」を継続することは簡単なことではない、徹底すれば電設資材の工夫ネタはいくらでも出てくると考えていた。改良すべき情報は、はじめ職人から得た情報をもとに、清水昭八がほとんどを考えていた。その後は、従業員から得るようになる。

職人に聞くとその場で、個人的にいろいろと回答してくれるが、あまりに個人的なことも多く、視野の狭い情報も多い。そこで、普遍的、一般的に通用する商品にするには、商品を常に見てその特性を知る熟練した従業員の発想も重要なのだ。その一方で熟練者はその経験から既製品を当たり前と考えて、新しい発想を思いつかなくなる。結局、従業員全員に聞けば双方の情報が入り、それを組み合わせることにより新商品が生まれる。「常に考える」ことを全従業員に要求したのである。

「現場に学べ」という一方で、「現場の人の情報に惑わされるな」を実践する仕組みをつくったのだ。半歩先のものを作る視点が必要だからである。従業員全員が、常に考え、新しいアイデアを形にしていく風土がこうして生まれていった。

この従業員提案には、報奨金制度がある。人事、給与以外の提案に対して1件500円の報奨金が出る。どんな些細な提案でもかまわない。そして、実際に採用されるとさらに1万円から5万円の報奨金が追加で獲得できるのである。

販売戦略はどういうものだったか

未来工業の成長を支えたのは、独特の商品開発力だけではなかった。従来の取引慣行をそのまま受け入れないで、少しずつ変革していった。そして、中小企業が負えない大きなリスク回避を、販売取引方法や商品戦略によって行っている。

①販売ルートは二次問屋主体

未来工業は、販売ルートが独特である。通常は、地方のメーカーは一次問屋（全国に約10社）を通して全国に商品を販売するのが一般的だ。現在のインターネットなどない時代である。自社で、全国の販売網を構築するには、多大なコストと時間を要した。しかし、一次問屋を通せば約15％程度の販売手数料を取られる。そこで一次問屋を使わずに、二次問屋（全国に約３０００社）との取引を、あえて選択した。草創期に一次問屋に相手にされなかったことも大きな理由である。

一次問屋と取引をすれば、一度に大量に販売してもらえる。だがその販売先のほとんどは二次問屋なのである。直接二次問屋と取引すれば利益率が高くなる。そして、取引先が増えてリスク分散にもなる。一次問屋は大手なので、取引条件が厳しく売掛期間、手形サイトが長く、資金回収に時間を要する。取引の金額も大きくなり、倒産リスクや回収リスクも大きくなる。

二次問屋との取引は、相手が小さく人間関係の構築や商品情報の入手にも役立った。一次問屋に支払う約15％の販売手数料は大きな負担となる。全国に営業所を設置して、営業マンを雇用しても、売上が１００億ならば、15億円も支払うことになる。売上の進展とともに、二次問屋や大手ホームセンターとの直接取引のほうが有利になっていくのだ。また、実際に電気工事をする電気工事事業者は、二次問屋と通常3件程度取引をしており、一次問屋との取引がなくても、未来工業の商品を販売できたのである。

②JIS（日本工業規格）に合致した商品設計

未来工業の製品を国や地方港団体が行う公共工事に採用されるように、戦略的に順次JIS（日本工業規格）に適合させていった。1970年代は高度成長期で大手ゼネコンがそのほとんどすべての工事を請け負っていた。そこにジョイントベンチャーという共同企業体で受注するという形が一般化していく。当時は公共工事に使われる電設資材は大手のメーカー指名であり、そのほとんどを松下電工が独占していた。しかし、ジョイントベンチャー方式では、JISに適合する商品ならばメーカーは問わないということになり、JIS規格への対応が公共工事への参入に大いに役立った。このJIS適合のおかげで、オイルショックで民間需要が急減したときも、公共工事需要に支えられて、順調に業績を伸ばすことができたのである。

③価格競争の回避

次に商品の品揃（ぞろ）えを多様化し、その選択肢を増やした。建築現場の電設資材は、通常売れ筋商品は2、3種であるが、あえて無駄を容認し品揃えを充実させたのである。サイズ別、用途別に数十種類以上作り、他社にないものを揃えるようにした。電気工事業者は欲しい商品が必ず手に入ることに満足感を覚えるようになる。しかも、未来工業の商品は、すべてひと工夫ある商品である。そのことに電気工事業者が気づくと、次も未来工業製品を購入してもらえるようになる。徐々にシェアを拡大していくことができた。

商品の品揃えを増やし、選択肢のある状態にすると、中間価格品が売れるようになる。マーケット戦略の基本の「松竹梅理論」で、最低機能重視の商品よりも、ワンランクアップした商品が売れる。普段使わない機能(電線の皮むき、柄の部分の飾り穴、ステンレス製の高級商品等)の品揃えを整えると、販売単価が上がるのである。

豊富な品揃えはシェアを追わないですむが、少量多品種のため、在庫を抱えることになる。そのためどうしても他社に比べ高価格となる。そこで、価格競争とならないような仕組みを考え出した。さまざまな電気工事上の問題の相談相手になり、解決策を考え、解決できる製品を作ったのである。そのことが、創造性あふれる商品の開発につながった。次のような具体例がある。

1つ目はテレチューブを開発したこと。

テレチューブとは、電線管が自由にフレキシブルに曲がるようにしたものである。法律上、電線用としては使えなかったが、法律上の規制のない電話線配管用とした。すぐに他社に真似されたが、フレキシブルに曲がることが業界平均になり、電線管の市場自体を拡大させた。未来工業のテレチューブは未来工業のブランド製品として確立する。未来工業のロゴを入れ、サイズを黒色のチューブに白で印刷し、誰にもわかるようにした。

2つ目は電気工事用ナイフを作ったこと。

電気工事用のナイフは折り畳み式が業界標準であったが、作業するたびに伸ばすのは面倒だという工事業者の本音を参考にした商品である。折り畳みをやめ、ナイフを伸ばしたまま安全にベルトに付けて保管できるケースをセットにして発売した。二重ロック方式の落下防止装置をつけて使い勝手を工夫したものである。

従業員の発案で危機を乗り越える

①従業員への利益配分はとても厚い

1973（会社設立6年後）に、売上目標を達成した場合に約束していた海外旅行とボーナス5万円を実行している。これを手始めに、現在に至るまで周年記念日や売上・利益目標達成時には海外旅行を行っている。

日本一労働時間が短い会社となることを目標としている。基本的に残業をなくし、定時に帰れるように人員と制度を整えている。また、年末年始の休日は19日間、ゴールデンウイークは10日間、夏休みも10日間、これだけの休日を従業員全員に与えている。そのほか、火曜日が休日ならば月曜日を、木曜日が休日ならば金曜日を休日にしている。

給与水準は、大都市圏と比較するとややよいくらいであるが、岐阜県では最高水準である。昭男の従業員に対する方針は、とにかく仕事に対してやる気を起こしてもらうことである。高い給料が一番であるが、しかしそれには限界がある。そこで、従業員の生活を安定させることにした。給与以外では、労働時間の短縮ということになる。昭男の経営方針は、従業員を大切にして、やる気を起こさせ、よいアイデアを出してもらい、それを実行していくことにある。そのために、会社の利益はできるだけ従業員へ配分するのだ。

常に考えることを求め続けた山田昭男。（写真：未来工業株式会社）

②従業員に仕事を任せる

未来産業では成長とともに、営業、製造、経理、法務など、さまざまな人材が必要になってくる。その都度、やる気のある従業員を採用し、仕事を任せてきた。前向きの「プラス思考」である。実際には「プラス思考」が間違っていることもある。

そういうときは、そのやり方だけをやめればいい。そして、「プラス思考」を実践していった結果、未来産業は成長できたのである。具体的に見てみよう。

新設工場の用地選定、設計等をすべて従業員に任せて、行わせた。将来の売上増、増産に「プラス思考」で、当時必要とされた2倍の規模の工場を建設した。まさに、プラス思考である。当初から大型の工場を作ることは、一見無駄に見えるが、後日増築や拡張することと比較すると、コストが低くすみ、かつ効率的な設備設計が可能となるのである。

製造部管轄の工場用地取得が、営業部からの情報で行われたことも「プラス思考」で決定した。営業部は、売上げが伸び、生産能力を増強しなければいけないことを肌で感じていた。そこで、営業をしながら工場用地の情報を集めていたのだ。従業員の前向きな意見に昭男は応じた。

③従業員のアイデアを積極的に採用する

北海道営業所の開設、沖縄営業所の開設と次々に営業所が設営された。当初は昭男自らが率先して動いていたが、その後は、従業員のリードで営業所がつくられていった。

一方、事業の急拡大が続いたことにより、生産のコントロールに問題が発生した。売れ筋商品で大規模な欠品が出る一方、売れ筋商品でないものが大量な在庫の山となった。この生産と販売のずれを解決するアイデアを提案してきたのは、経理部電算担当の従業員であった。コンピュータにより、一日単位で細かく需要予測させることで、生産量を管理受注から原料手配まで、一貫して管理するシステムを導入しようというのである。今でいう、サプライチェーンマネジメント（SCM）である。時代に先駆けて、導入したことで、在庫コントロールがうまくできるようになり、適正な在庫、生産を維持できるようになったのである。

④従業員にハングリー精神を持たせる

昭男は、会社経営の一番の柱は、従業員のやる気だと言っている。従業員のやる気と会社の差別化が両輪となって、会社が大きく伸び始めるからである。社長の仕事は、「従業員のやる気をいかに起こさせ、いかに高めるか」を考えることなのだ。

ハングリー精神を持たせ、従業員自らが働くようにするには、従業員の不満を消していき、独自性、個性を持たせ「やる木」を育てることである。

この「やる木」を大きく育てることが会社を成長させる。そのために、給料水準の向上、従業員持株会の設置、長期休暇取得、時間外労働削減など、従業員が欲するものを与える仕組みを先につくる。そうすると、自主性と自覚のある行動が従業員にみられるようになる。自分が任されている仕事を果たそうとする、一方で仕事をやっていない従業員は自然と気が引けてくる。自分もやらねばという気持ちになる。これが、広い意味のノルマになり、ノルマはないのに業績が上がっていくのである。任されていることが、ハングリー精神を生む。そうした環境を整備することが大切なのである。

山田昭男の経営論のどこが型破りなのか

筆者の銀行勤務時代に、未来工業の岐阜本社を訪問したことがある。そのとき感じたことは、今でも鮮明に覚えている。

普通ではない。型破りそのものである。会社の全体照明が暗い、社内の照明器具の一つ一つに紐のスイッチが付いていて、その座席の者が明かりを管理している。電気代を節約しているのだ。ドアノブがない。体で押して開けるのである。節約術を聞くと、会議資料は裏紙を使う。コピー機が少ない。携帯電話を従業員用に持たせていない。社長室で空調を使わない。本業以外の間接業務ではあらゆる節約を実行している。

一見、ものすごくケチである。しかし、それぐらい徹底してやらないと経費節減はできないという昭男の意思表示なのである。

岐阜では、未来工業は全員が正社員で、従業員にやさしく、未来工業に勤務することは生活が安定すると評判だ。筆者には当初、ケチ経営者のイメージがあったが、真逆なことに気がついた。経済変動を見極めながらも、型破りだがとても優秀な経営者なのである。

型破りながら、経営学の本質を突いている経営論を以下にまとめてみたい。

●三方良し（職人、客、店）の徹底

昭男は、商売から生じる利益を利害関係人に配分することを徹底している。日本の江戸時代から続く老舗が得意とする「三方良し」の考え方を実践している。演劇から学んだ考えだという。

客　顧客のニーズにマッチした商品を創造する。常に、建築現場が必要としている使いやすい商品を提供する。

店　自らの利益を確保するため安売りはしない。価格でない部分（商品性）で勝負している。

職人　未来工業はメーカーなので職人を従業員と置き換え、働きやすい環境を整え、従業員の提案を大切にしている。すべての従業員を正社員とし、すべての従業員に「常に考える」ことを要求している。その代わりに見合った給料と休暇を支払い、与える。

●人を使うことの大切さ

経営の基本は、「人を使う」ことである。人を使うには、その働きに見合った報酬や名誉を提供しなければいけない。昭男は、すべての従業員提案に対して、1件500円の報酬を支払っている。採用されたらさらに大きな報酬が与えられる。全員での社内旅行（海外旅行）を行い、一体感をつくるとともに、その活躍に応えるようにする。基本的に時間外労働を行わない。また、年末年始や夏休みに大型休暇を与えている。成果に応じた昇進、昇給制度の構築以外にも、わかりやすい制度を導入しているのである。

経営者が実現すべきこと

1 株式公開できる会社を目指す（企業情報の公開、従業員待遇のレベルアップにつながる）
2 外部から株式を取得したくなるような成長企業になる
3 高額所得法人となり、税金を納める
4 売上高経常利益率10％以上にする
5 非同族の株主を大切にする
6 従業員の中に1,000万円以上の高所得者をつくる
7 売上高伸び率を重視する（企業成長にとても重要）
8 経常利益伸び率を重視する
9 非同族役員を必ず入れる
10 従業員数を伸ばす
11 公私混同をしない
12 売上高金利負担率を適正に保つ（借入をしすぎてはいけない）
13 経営者は職住不一致でなければいけない（公私混同を防ぐ）
14 経営者の配偶者を従業員にしてはいけない
15 信用調査会社の評価を高くする（安定した取引をするうえで重要）
16 会社の経理内容を公表する（従業員の会社に対する信頼度が向上）
17 週休2回制を完全実施する（従業員のやる気の向上）
18 自己資本比率を高く保つ（企業経営を安定させる指標）
19 取引先を集中させずに分散させる
20 従業員にボランティア活動を推奨する
21 メセナ活動を実施する（文化的な貢献は従業員に誇りを持たせる）
22 従業員一人当たりの経常利益額を高くする
23 経営指針を明確化する
24 従業員へ権限移譲を進める
25 増収増益の継続性を重視する（常に新しいものを考え、果敢に挑戦する。挑戦がなくなると企業の衰退がはじまる）

●無駄なコストはかけない

昭男はケチで通っている。岐阜の本社ビルの照明は暗い。直接利益を生まない間接的部署でコストをかけない方針を貫いている。しかし、実際は「三方良し」の考え方で、顧客と従業員には優しいのである。当然、株を持つ投資家は、高収益企業として株価の上昇が期待できる。

昭男は著書でよい会社にするための意見を次のように述べている。

経営者は勉強できる場所を持たねばならない。そして、勉強し、学習したことを実現しなければならない。実現すべき項目を表に示す。

参考文献

山田昭男『楽して、儲ける！―発想と差別化でローテクでも勝てる！　未来工業・山田昭男の型破り経営論！』中経出版、２００４年
山田昭男『山田昭男の仕事も人生も面白くなる働き方バイブル』東洋経済新報社、２０１５年
山田昭男『日本でいちばん社員のやる気がある会社』中経出版、２０１０年
山田昭男『日本一社員がしあわせな会社のヘンな「きまり」』ぱる出版、２０１１年
山田昭男『ドケチ道―会社を元気にする「生きたお金」の使い方』東洋経済新報社、２０１０年
山田昭男『毎日４時45分に帰る人がやっているつまらない「常識」59の捨て方』東洋経済新報社、２０１３年
山田昭男『ホウレンソウ禁止で１日７時間15分しか働かないから仕事が面白くなる』東洋経済新報社、２０１２年

まとめ

- 未来工業の創業者、山田昭男の経営哲学は、従業員の幸福追求が第一である。最短の労働時間、最高の平均賃金を目指し、従業員への利益配分率も高い。年末年始の休日は19日間、夏季休暇は10日間である。
- 経営の基本は「人を使う」ことである。人を動かすためにできることは何かを考える。
- 従業員に「やる気」を起こさせることが、経営者の最も重要な仕事。報奨金やボーナスなどの報奨制度や昇進だけでなく、従業員に仕事を任せることも大切である。従業員のアイデアも積極的に採用する。
- 無駄なコストはできるだけ省き、必要なものにはコストを惜しまない。
- 未来工業の技術開発の方針は、既存品の「半歩先を行く」製品開発である。山田昭男は技術者ではないが、営業マンの感覚から身の丈に合った開発方針を決めるセンスがあった。
- 販売戦略は、少量多品種生産による豊富な品揃えであり、少数の品種による価格競争を回避して、品揃えの充実さでシェアを拡大する。
- 未来工業の成長の原動力は、従業員の前向きな「プラス思考」である。「プラス思考」が営業、製造などさまざまな分野で良い効果を生み出した。経営者山田も「プラス思考」であることはいうまでもない。

第Ⅱ部

戦国・幕末の激動期のリーダーに学ぶ

石田三成

近江商人の血を引く
優れた官僚の限界と矜持

石田三成●いしだ　みつなり　**1560（永禄3）～1600（慶長5）年**
豊臣秀吉政権の実質的ナンバー2として、政権を支えた。戦さでは重要な兵站（ロジスティクス）を担当し、勝利に貢献。計数感覚に優れ、マネジメントの才を発揮した。経済のわかる官僚として抜群の働きをするが、政治家としては優れていたかどうか。天下分け目の関ヶ原で、老練な徳川家康に敗れ、処刑された。三成が治めた彦根では今も慕われ称賛される。

三成と秀吉の出会い

石田三成は、幼少期佐吉といった。1560（永禄3）年、近江国石田村（現在の滋賀県長浜市）の土豪の家に生まれる。父親は石田正継といった。1560年といえば、かの織田信長が3000ほどの兵力で桶狭間にて、その10倍の兵力を誇る今川義元を討った年である。

羽柴秀吉（のちの豊臣秀吉）が近江国の長浜城主になった1574（天正2）年頃から父・正継、兄・正澄とともに秀吉に仕えた。

三成がまだ14か15歳の頃、寺に奉公に出されたときのエピソードがある。秀吉が鷹狩りの途中、三成のいる寺に来て、茶を所望した。そこに少年の三成が茶を運んできたのだが、一杯目は多めにそしてぬるい茶を出した。秀吉は「もう一杯」と茶をねだった。すると三成は一杯目よりは熱く、そして少な目の茶を献呈した。さらに秀吉が茶を求めると、三杯目は大変熱く、そしてごく少量の茶を献呈した。秀吉はこの三成の機転におおいに感動し、仕官させたという。

この話は「三献茶」といわれる。史実かどうかは定かではないが、石田三成の機転が利く、きめ細やかな性分をよく表している話である。

1582（天正10）年、織田信長が本能寺で明智光秀軍の手にかかると、豊臣秀吉軍が主君の仇である明智光秀軍を殲滅した。本能寺の変が起こったとき、豊臣秀吉は毛利軍との戦闘状態にあった。現在の岡山の備前高松城を水攻めにして毛利方の武将・清水宗治と対峙していたのだが、信長が明智に殺された情報を知るや、清水宗治に切腹させて毛利家と和睦し、急ぎ京を目指して急行した。「中国大返し」といわれる。秀吉は金に糸目をつけず、現在の貨幣価値にして300億円ともいわれる大金を足軽や沿道の農民に与えモチベーションを上げ、食料、薪の調達を行い、備前高松から京都の山崎までの約230キロメートルをわずか10日で京まで駆け上った。三成もこの秀吉のミラクルに一役買っていたに違いない。三成はこの頃から秀吉の片腕として頭角を現していく。

三成に流れていた近江商人の「血」

豊臣秀吉は京都山崎で明智光秀を討ち果たす。世にいう天王山の戦いである。この後、織田家の後継者争いを大義名分とした権力闘争が、秀吉と柴田勝家との間に起こる。勝家は、秀吉の目の上のたん瘤といわれた織田家筆頭家老である。秀吉は信長の孫である三法師（のちの織田秀信）を、一方の柴田勝家は信長の三男の織田信孝を担ぎ、1583（天正11）年に福井の賤ヶ岳にて両者が激突する有名な「賤ヶ岳（しずがたけ）の合戦」が勃発する。詳細は後述するが三成はこのとき、諜報活動と食料、物資の手当てを行う兵站（へいたん）（ロジスティクス）部門の責任者を務め、見事な成功を収めた。そもそも近江に育った三成には高い計数感覚が備わっていたとみられる。

石田三成。（写真：東京大学史料編纂所）

三成の生まれ育った近江は、当時経済の要衝の地であった。近江は琵琶湖周辺に位置し、三成が存在した戦国時代には日本海で陸揚げされた物資が陸路を経由し、琵琶湖から船で南下し京都や大坂に運ばれるという、琵琶湖による水上輸送の利を近江は有していた。近江は日本有数の経済・商業の発展地域であり、近江商人の生まれた地である。近江が経済・商業の発展の地域であったことは同地域から、伊藤忠商事、西川産業、髙島屋、日本生命、東洋紡績をはじめとする数々の企業が誕生したことが証明している。また、太平洋戦争終戦までは彦根高等商業学校（現在の滋賀大学経済学部）が日本の商業系の高等教育機関の代表であったことも、同地域が日本における経済・商業の中心地であったことの証しであろう。

「三方よし」という近江商人の言葉がある。現代風にいえば「三方よし」は売り手・買い手・世間の三者が満足する商売のあり方。ビジネス道徳である。商売（ビジネス）は、まずビジネスの主体である企業に適正な利益をもたらすことが重要である。そうでないと企業は持続的・発展的な経済活動ができなくなる。次に商売は、消費者にとっても利益をもたらすものでなくてはならない。そして最後に商売は、社会にとって恩恵のあるものでなくてはならない。今でいう企業の社会的貢献といったところである。

三成はこのように経済・商業の要である琵琶湖周辺の近江で生まれ育ったことから、計数感覚に優れた人間としての素養を成長とともに備えていったと考えてもおかしくない。

佐和山城主としての三成の評判

三成は1591（天正19）年、琵琶湖に近い佐和山城の城主に就任する。佐和山は琵琶湖北に位置し、彦根市と琵琶湖を見下ろす小高い山一帯をいう。山頂に佐和山城がそびえていた。ここで三成は領地を治めるため、領主としてマネジメント能力を遺憾なく発揮する。有能な「温かい心」をもった官吏としての才能をみせた。

三成といえば冷徹無慈悲、讒言（目上の人へ告げ口をする）の数々を行った冷たいイメージを持たれている。例えば豊臣秀吉の後継者と目されていた秀吉の正室おねの甥である関白・秀次を陥れたり、茶人である

三成の居城だった佐和山城址（滋賀県彦根市）。（写真：歴史の場所＆地図）

千利休を秀吉に讒言して切腹させたり、悪役として登場させている歴史小説が少なくない。

しかし、佐和山城主になった際には領民に対しては温かみのある行政を執り行っている。封建国家の時代は、領民が直接領主に要望を直訴することは禁じられていた。領民は要望がある場合は代官に直訴し、代官が領主にその内容を伝えるというシステムであったが、三成はこれを改め、領民が直接領主である三成に直訴できるようにした。また三成は自分の領地を細かく分け、それぞれの地区ごとに適切な治政を行っていたという。

三成の優れた知恵とマネジメント能力

三成が優れた知恵とマネジメント能力を有し、数字に強い計数感覚を備えた人物であったことは歴史研究者がしばしば述べている。しかし一方で、戦の才はさほど高くなかったとみられる。同じ秀吉の子飼いでも福島正則や加藤清正といった武将たちは戦に強い「武闘派」といわれ、これに対し三成は「文治派」といわれる。この両者の対立が、秀吉の死後、天下分け目の関ヶ原の戦いに繋がっていく。戦国の世であれば確かに戦上手の武闘派が幅をきかせるし、戦の才能が明暗を分ける。しかし、戦が収まって世の中が平和になると、文治派の持つ組織をマネジメントする力が重要になるのだ。

三成の優れた知恵を伝える話がある。

秀吉が大坂城に入城したのち、ある梅雨の時期に大雨が続き、京橋口あたりで淀川の水かさが増し、洪水の懸念が生じた。三成は京橋口に出向き、状況を視察した。洪水に備え土俵を設置して備えたが、十分な土俵が準備できなかった。そこで京橋口の倉庫から米俵を出し、洪水に備えよと指示をした。堤防が決壊しそうな箇所に大量の米俵を置かせたのである。おかげで洪水の難を無事に回避することができた。

三成の人心掌握の妙はこの後からである。後日、洪水を防ぐために使用した米俵を引き上げさせ、その代わりの土俵を用意させて堤に設置した。そして「米俵は今は泥で汚れているが、洗えば米は十分食せる」と引き上げた米俵を農民に与えたという。農民はこれによって、積極的に土俵を作り、米俵の撤去、土俵の設置に励んだ。この話は、人間というものは報酬や地位などのインセンティブを供与すると、積極的に自発的に働くようになるという人間の心理を三成が巧みに利用したことを示している。人の上に立つ者、こういった気配りが重要だということはわかっていても、現代の会社組織において実行できる上司はなかなかいないものである。

次は三成の優れたマネジメントの才能を示す事例を見てみよう。

先に述べた賤ヶ岳の戦いは、織田家筆頭家老の柴田勝家と豊臣秀吉の争いであった。賤ヶ岳の戦いで秀吉は柴田勝家を破ったが、ここで三成は兵站と諜報活動に才を発揮したといわれる。

秀吉隊は岐阜県の大垣から戦地までの50キロメートルの道をわずか5時間で駆け抜けている。このとき三成が道中の農民に事前に手を打ち、道中をひたすら走り続ける足軽に食料や松明がわたるように手配してこの短時間での走行を可能にしたという。また足軽は武具を身につけているが、道中は武具なしで走っていたという話もある。武具を身につけねば戦はできないが、三成があらかじめ戦地に武具を送っておいたので、足軽は身軽に道中を走りきることができたというのだ。賤ヶ岳の戦いというと、武功をあげた七本槍衆（福島正則、脇坂安治、加藤嘉明、平野長泰、片桐且元、加藤清正、糟谷武則）に脚光が集まるが、その勝利の裏には三成のような裏方の活躍があったことを忘れてはならない。

三成のマネジメントの才は、秀吉の1587（天正15）年の九州攻めや1592（文禄元）年から始まる文禄の役（朝鮮出兵）の兵站においても発揮された。秀吉は九州平定のために25万人の軍勢を派遣したが、そのときも三成は食料、武器の後方支援を行っている。文禄の役でも三成は秀吉から兵站の責任者に命じられ、16万人の日本遠征軍の兵站の役目を完遂した。

太閤検地とその革新性（イノベーション）

豊臣秀吉が行った政策で検地と刀狩は大変有名であるが、双方とも三成の提案によって実行されたものであり、三成の官僚としての才能が十分発揮された。ただ検地も刀狩も秀吉政権以前から実行されていたものであるから、完全なイノベーション（革新）というわけではないが、インパクトは相当大きい。

三成が行った検地を見てみよう。三成の検地における功績は、実際に奉行が現地に赴いて田畑の面積を測定するようにしたこと、田畑を測る尺度を全国統一したこと、そして検地を日本全国規模で行ったことである。特にそれまでは尺度の単位は地域ごとでまちまちであったが、全国で統一したことによって、寸法差のない正確な検地が可能になった。耕地面積測定には六尺三寸（一間）の竿が用いられた。六尺三寸の四角形を一歩、三十歩は一畝、十畝を一段、十段を一町と定めた。田畑の等級を上・中・下の三種類にして、そこからの収穫高を決めていった。これで全国で統一された石高が測定できるようになったのである。

三成が提案した画期的な検地をイノベーションという見地から考えるとどうなるか。

イノベーション(革新)は、対象(ターゲット)・市場分野とビジネスモデル(または手法や技術)という2つの軸から見ると4つのタイプに分けられる。なお検地はビジネスではないので、対象と手法で考えることにする。

まず1つ目は対象、手法どちらも新しい場合のイノベーションは「構築的革新」といわれる。いわば世の中に今までまったくなかったサービスや商品を生み出す場合を指す。この例にはインターネットやSNSの誕生などが当てはまる。

2つ目は、逆に対象（市場）と手法ともに既存の場合のイノベーションは「改善」である。革新と改善の違いでいえば、例えば生産現場での改善活動の積み重ねなどがこの部類に属する。こつこつタイプのイノベーションである。

第3に対象(市場)は新しいが、手法は既存の場合のイノベーションは「隙間革新」といわれる。第4に、逆に対象(市場)は既存であるが、手法が新規(革新的)の場合のイノベーションは「革新的革新」という。

三成が提案した全国規模の検地はどのイノベーションに該当するかといえば、対象(この場合は全国の田畑)は既存のもので、その手法が前述のようにきわめて画期的であることから「革命的革新」である。三成はその地位や性格からよく「官僚」といわれるが、既存のものをベースにそれまでにない革新的な手法を取り入れてイノベーションを進めていく、そんなタイプのイノベーターだったのではないかと思う。

組織への忠誠心、無欲さ、そして情

三成の豊臣家への忠誠心の高さは有名である。また無欲な武将であることもよく知られるところだ。関ヶ原の戦いでも、表向きは秀頼を立てて自身が天下を取ろうなどと考えたことは微塵もない。三成の秀吉への高い忠誠心を端的に表している話がある。

中国地方(現在の広島県)の大大名である毛利輝元(関ヶ原の戦いでは西軍の総大将を務めた)が秀吉に季節外れの桃を献上したいと三成に持参した。普通の人であれば贈答してくれた相手の気分を害さないように有り難く受け取り、秀吉に献上するのであろうが、三成は大変有り難いとはいったものの、天下人である豊臣秀吉に季節外れの桃を食べさせ、万一体に支障をきたした場合、取り返しがつかないことになるからと桃を毛利輝元に突き返してしまった。

この逸話は三成の忠誠心の高さを示すものであり、いかに三成が愚直で真面目な人物かがうかがい知れる。裏表のある人物であればいったん桃を受け取って、秀吉にその旨を説明し廃棄してしまうであろう。この要領の悪さというか処世術のなさをみると、洪水の際に農民を鼓舞した知恵がまるでみられない。人心をつかんでこそ大器の人物、三成には人心をつかむことがいまひとつできなかった。残念である。

また三成は無欲の人であった。豊臣秀吉から、三成の社長秘書ともいえる役職の度重なる功績の対価として加増の提案があった。そのとき三成は佐和山城主だったが、その領地の石高は19万石であった。秀吉恩顧の子飼い大名の石高と比較して低い石高だ。秀吉は佐和山から領土を九州に転じさせ石高を34万石に引き上げようとしたのだが、三成はこの有り難い申し出を断わり、秀吉の側近として大坂近辺で以後も滅私奉公に励むと言ったという。

関ヶ原の戦いに敗れ、三成の居城佐和山城が東軍に攻められ、陥落した際、東軍の武将たちは佐和山城内の蓄えの少なさに非常に驚いたという話が伝わっている。三成ほどの高級官僚であれば、金銀財宝を蓄えていてもおかしくないが、城内には蓄財はもとより、古紙で城内を修繕している箇所があったという。この話は華美を嫌い質素に徹した三成の無欲さを表すものだ。

三成が情に厚かったことを表す逸話も紹介したい。

秀吉の茶会に部下の武将が招かれた。茶会には、のちの関ヶ原の戦いで徳川家康から東軍につくように勧誘されていた大谷吉継も参列していた。吉継はこのとき当時不治だった病に侵されていた。各武将には秀吉のたてた茶の入った茶器が順々に回ってきたが、吉継が飲んだ後の茶器に口をつけるものはおらず、飲んだふりをしているだけだった。しかし唯一三成だけが茶を実際に飲んだという。ここで吉継は三成の情の厚さに恩義を感じ、関ヶ原の戦いでは最終的に西軍に加勢し、三成とともに討ち死にする道を選んだ。

三成は無情で冷徹な印象がいまだ多くの人の心中にあるが、本当は真面目で情の深い人間だったと考える証左である。

そんな三成が政争に巻き込まれ、やがて天下分け目の「関ヶ原」がやってくる。

武闘派と文治派の反目がエスカレート

三成は秀吉から堺奉行を任命され、堺を完全に豊臣政権に従属させ兵站の拠点とすることに奔走したり、京都の区画整備に尽力したり、朝鮮の役の目付け役、兵站の責任者としての役務遂行、そして朝鮮の役の戦後処理担当と、大車輪の活躍が続く。そして豊臣政権での五大老・五奉行制度の奉行の地位に就いた。

晩年の秀吉は、五大老・五奉行という合議制の体制をつくり、後継者である秀頼の安定政権を熱望した。三成は五奉行の一人となったが、五大老、五奉行の役目を紹介しておきたい。

まず五大老は政治を担う。五大老には「律義者」と秀吉が評価した徳川家康（270万石）、秀吉の幼馴染である前田利家（100万石）、秀吉が子どもの頃から取り立ててきた宇喜多秀家（57万石）に上杉景勝（130万石）、毛利輝元（150万石）が任命された。とくに秀吉との長年の親友であった前田利家は秀頼のお守り役を担い、徳川家康には国内政治を命じた。

一方、五奉行には石田三成（19万石）のほか、前田玄以（5万石）、長束正家（5万石）、浅野長政（21万石）、増田長盛（25万石）が任命された。五奉行の役目は、大坂城と伏見城の管理、秀吉の直轄地の管理、大名の管理、主要都市の統治、朝鮮の役の後始末、農民の管理などであった。とくに三成は石高からいえば3番目の奉行だが、実質は筆頭ともいえる立場であったから今でいえば会社の経営企画、人事、総務といった中枢機能の責任を負っていたといえよう。

5人の奉行は総じて有能な官吏である。彼ら「文治派」は当然、戦功で成り上がってきた無骨者の加藤清正や福島正則、黒田長政などの「武闘派」とはそりが合わない。武闘派は文治派を徹底的に敵視していた。そのきっかけの一つが、慶長の役（二度目の朝鮮出兵）における加藤清正にかけられた3つの罪の三成の秀吉への「讒言（ざんげん）」である。のちに清正は秀吉からその罪を許されたが、清正は三成を恨むことになった。

加藤清正にかけられた3つの罪とは次のようなものだ。第一は清正が朝鮮での戦時下において、三成の盟友であった大名の小西行長を罵倒したこと、第二に清正が許可なく豊臣姓を名乗ったこと、第三に清正の家来が和議の仲介にあたった明国の正使から泥棒をはたらいたということである。この讒言によって加藤清正は即刻日本への帰還を命じられ、謹慎処分を受けた。

朝鮮の役は、秀吉の死とともに日本軍の散々の敗北に終わり、日本軍は順次帰国した。心身ともに疲れ果てた諸大名に対し三成が茶会を催そうとしたところ、加藤清正は「我々は7年間の在朝鮮の間、酒も茶もなく、建物の土壁を食べて飢えを凌いだ」と言い放ち、三成の申し出を一蹴したといわれる。こうして武闘派と文治派の反目はしだいにエスカレートしていく。

有能官僚としての三成の限界と「関ヶ原」

三成にはほとんど挫折というものがなかった。そして今まで述べてきたように、大変に真面目で、知恵があり、マネジメント能力にすぐれ、領民に対する情も厚かった。しかし一方で、三成には人間としての限界があったのではないかと筆者は思わざるを得ない。

秀吉亡き後、徳川家康は秀吉の遺命に背き、勝手に諸大名との婚姻関係や養子縁組を進めていく。これを奉行衆が咎めるも、家康はおとぼけぶりを発揮し、一向にやめる気配すらない。五大老の一人で加賀百万石の前田利家はいわば家康への歯止め的な存在で、三成も頼りにしていたようであるが、その利家も秀吉の死のすぐ後に亡くなってしまう。家康の身勝手な行動はますます過激となり、その一方で家康は武闘派を懐柔することにも抜かりなかった。三成は武闘派からの恨みを一手に引き受けてしまうことになる。

あるとき加藤清正、福島正則、細川忠興、蜂須賀家政、藤堂高虎、黒田長政、浅野幸長の7人の武将が三成襲撃を企てた。危険を察知した三成は機転を利かせ、武闘派の擁護者である家康の屋敷に助けを求めて駆け込む。家康もさるもので、武闘派七将を諭し、三成が佐和山城にて謹慎処分を受けることで騒動は収まった。家康はこのときはまだ三成を死なせたくなかった。徳川政権樹立のために戦を起こすには三成が必要だったからである。

そして1600（慶長5）年三成が西軍の参謀として参戦した関ヶ原の戦いが勃発し、東軍の勝利がたったの1日で決まることになる。

なぜ東軍を上回る兵力を擁した西軍が敗北したのか。

いくつかの要因が指摘される。まず270万石の石高を誇る徳川家康に19万石の石高しかない三成が立ち向かった点である。西軍の大将は毛利輝元、副大将は宇喜多秀家だったが、実質のリーダー（というか責任者）は三成であった。東軍の総大将の家康と三成との石高の差は明らかで、石高によって用意できる兵士の数も決まってくる。どうしても直属の軍事力の差は歴然で、企業経営にたとえれば、副社長に秘書課長が盾突くようなものである。

次に三成は人の心理を深読みする力に欠けていたのではないか。関ヶ原の戦いの西軍、東軍の兵力を見てみると、おおよそ9万人対8万人であり、むしろ西軍有利である。しかも図のように両軍の陣構えを鳥瞰すると、西軍が東軍を挟み込む形になっている。しかし、三成に

関ヶ原の戦いにおける西軍、東軍の配置図。

最後まで付き従った武将は、宇喜多秀家、大谷吉継、小西行長など、ふたをあければ数名のみであった。むろん三成側についていた立花宗茂、上杉景勝が参戦していなかったことや、戦いの最中にも東軍につくか、西軍につくか迷っていた小早川秀秋が結局は東軍についたということが三成に不利になったことは否めない。しかしそれだけではない。西軍の総大将の毛利輝元は終始大坂城にいて戦う意欲はなかったとされる。その他の毛利一族は戦場で東軍に寝返ってだんまりを決め込んでいた。また島津義弘も、積極的な攻撃はせず防戦のみで、到底真剣に戦をするようには思えなかった。島津軍は、最後には単独で敵中突破し、退却している。

賢明な知恵者である三成ほどの人物であれば怠りなく戦の準備は進めていたであろう。敗戦は、失敗の経験がないエリートによく見られる人心掌握の欠如が表面化してしまった結果ではなかったか。特に江戸時代の前までは、各大名は自分の家をきっちり子孫に継承し存続させることをまず考えるから、いかに豊臣秀吉恩顧の大名といえども秀吉の死後は、恩になった秀吉の側につくか、それとも時の権力者となった家康につくかという複雑な気持ちになる。その思いは時々刻々と変化していったと思う。こうした状況の変化を三成は読み切れず、あくまでも秀吉恩顧ということにこだわったのであろう。

関ヶ原の戦いに敗れ伊吹山中の洞窟に隠れていた三成が敵方に発見され、京都市中へ移送された際のエピソードが残されている。

処刑前の三成が「喉が渇いたので湯を所望したい」といったことに対し、警護の者が傍らの柿の木から柿をもぎ取り「これから首をはねられる者が何をいうか、柿でも喰え」と答えた。これに対し、三成は「柿は胆の毒だ。志高く、大義を考える者は最後まで命を大切にするものだ」と答えたという。そこには三成の最後まで諦めない大義の深さ、志の高さが読み取れる。

三成は、マネジメント能力が高く、計数感覚にもすぐれ、優秀な官僚であった。だが政治家ではなかった。処世術をわきまえておらず、また人心の深層を読み解くこともおそらく苦手であり、正論を重んじすぎるため、自身の器の大きさ以上の行動に出てしまったのだと思う。こうした人物は、政治の中心に自らの身を置いてはいけないのだという教訓を教えてくれているような気がする。歴史小説が描く三成像に惑わされてはいけないのだ。三成という人物の生き方には、長所短所、成功失敗とりまぜて、現代に生きる我々にも学ぶべきことが多い。

まとめ

- 組織においてはいかに機転を利かせるかが重要である。そのためには常に他人がどういうことを望んでいるか、アンテナを張っておく必要がある。
- 三成のように計数感覚に優れた人間は、企業経営においても大変優位に立てる可能性がある。定性的だけではなく、定量的にものごとを把握する習慣を身につけることが重要である。
- 組織を動かすには人望が重要である。人望は一朝一夕にはできない。三成がそうであったように「虎の威を借る狐」では人望は望めない。
- 組織の中で、「人となり」を誤解されるような人がいる。これは胸襟を開いて、コミュニケーションを日ごろから円滑にしていないからである。
- 組織の中で、自分がどういう立場にあるかをよく理解・認識し、ライバルに挑む場合は、身の程をわきまえてからにするべきである。勝てない戦はしないのが鉄則だ。
- 人間、どういう状況に置かれようとも、抱いた大志は簡単に放棄してはならない。抱いた夢に向かって、最後まで諦めないことである。

鍋島直正と島津斉彬

幕末イノベーションを実現した未来が読めた2人の名君

鍋島直正●なべしま　なおまさ　**1814（文化11）～1871（明治4）年**
第十代佐賀藩主。隠居名は閑叟。蘭学研究を推進し、自らも西洋の科学・文化・制度について学んだ。教育熱心で「人づくり」を何より重要と考え、藩校を改革するなど教育には厳しかった。医学研究と軍事研究を盛んに行い、大砲製造のための反射炉もつくった。佐賀は明治維新を牽引した藩の1つ。

島津斉彬●しまづ　なりあきら　**1809（文化6）～1858（安政5）年**
第十一代薩摩藩主。外国の文物に強い関心を持ち、開明的な君主として有名。進取の精神に富み、さまざまな事業に取り組む。佐賀藩の協力で反射炉を製造し、鉱石から金属を取り出す製錬所や日本初の機械式紡績工場も設けている。斉彬は50歳で早逝するが、その意志は明治維新の原動力ともなった。

名君といわれた2人が活躍した時代背景

佐賀藩主十代・鍋島直正（なべしまなおまさ）は1814（文化11）年から1871（明治4）年まで生きた人物。一方の薩摩藩主・島津斉彬（しまづなりあきら）は1809（文化6）年から1858（安政5）年まで生きた人物である。まさに日本が幕末を迎えようとしたときに生を受け、一人は明治を見て亡くなり、もう一人は明治になる直前で亡くなっている。2人とも江戸末期の大名の中で先端技術に造詣が深く、新しいこと、特に西洋の技術を積極的に取り入れようとする優れたイノベーターであった。この2人が生きた時代はどういう時代だったか。

2人が生まれたのは第十一代将軍徳川家斉の文化・文政年間である。この時代は贅沢が復活した時代である。なぜならその前の時代に老中・松平定信による寛政の改革（1787〜1793）年が断行され、庶民は節約・倹約に嫌気がさしていたからだ。1804年から始まる文化・文政年間は、文化がより庶民になじみ深くなった時代である。例えば滑稽本や人情本が出版され、浮世絵が流行した。都市経済も大きく進展した。さらに学問や多様な思想が生まれた時代でもある。例えば経世論、尊攘論などの思想の台頭があり、また伊能忠敬の大日本沿海輿地図の作製も行われている。

一方、欧米列強が徐々に日本に接近してきた時代でもあった。1804年ロシア使節レザノフが長崎に来て通商を要求、1808年には英国船フェートン号が長崎に侵入し、オランダ船から薪や水、食料を脅し取って逃走している。1811年にはロシアの軍人であったゴローウニンが千島列島を測量中に松前藩に拘留され、翌年逆に今度は日本の商人髙田屋嘉兵衛がロシアにより抑留され、結局、ゴローウニンも髙田屋嘉兵衛も無事帰還できたというゴローウニン事件が発生している。1824年には英国の船員が常陸の大津浜に上陸し、薪や水を要求したが水戸藩により捕縛されている。外国と衝突する事件はその後も起こり、欧米列強による日本侵略が現実的な懸念になってきた。

幕末近くになると日本から複数の遣外使節団が欧米を訪ねるようになる。これに伴い派遣される留学生の数も増え、日本に来る外国の要人の数も増えてきた。徳川幕府も西洋の文化・技術に目を向けざるを得なくなり、日本全体が近代化・西洋化を目指すようになる。例えば西洋式の軍事訓練を行う講武所が置かれ、幕府海軍の洋式訓練所である長崎伝習所が設置されるなど、西洋文化が非常に速いスピードで進んでいった。こうした激動の時代の寵児として鍋島直正と島津斉彬が登場するのである。

鍋島直正の財政改革と人を育てる教育制度の改革

鍋島直正は佐賀藩主九代・鍋島斉直の後継ぎとして、1814年に江戸桜田で生まれた。幼名は貞丸といい、十代目の佐賀藩主となる。世間ではよく鍋島閑叟といわれるが、「閑叟」は1861(文久元)年に直正が隠居してからの名前である。ここでは世間に馴染みの深い「閑叟」名を使うことにしたい。

1825(文政8)年、12歳のときに閑叟は十一代将軍徳川家斉の娘・盛姫と結婚している。閑叟が17歳で家督を継いだ1830(天保元)年当時は、どの藩も財政状態は厳しく、ご多聞に漏れず、佐賀藩も財政難に悩んでいた。家督を継いだ閑叟は自ら進んで財政改革に着手した。といっても「出ずるを制す」、つまり支出を削減するという政策に重点を置いたものだった。粗衣粗食令を発布、閑叟自らも質素倹約の生活を実践した。一方、産業面での政策としては、綿花栽培、さつまいもの栽培と砂糖製造、石炭採掘などの産業振興を行った。おかげで藩の財政は徐々に改善していった。

だが閑叟の政策で特筆すべきは、教育制度改革のほうだ。つまり人づくりである。

閑叟は弘道館という藩校の再興を行った。そもそも弘道館は閑叟の祖父で八代藩主治茂が開校したのだが、開校後うまく機能していたとはいえなかった。そこで孫の閑叟は抜本的な見直しに取りかかる。

弘道館で学ぶ者は文武両道専一にし、藩に仕える者は、私欲、出世主義の志向に陥ってはならぬと戒めた。25歳までという規定の期間内に弘道館を卒業できない者は藩に仕えることを認めなかった。文武をさぼったものに対しては、罰金ならぬ罰米(家禄から差し引く)を行い、各藩の中にあって、とりわけ佐賀藩の人材教育の掟は厳しかったそうだ。

佐賀藩では閑叟が蘭学研究を盛んにし、「蘭癖大名」という異名をとるまでになった。閑叟を支え、蘭学の重要性を説いたのは、藩校弘道館教授の古賀穀堂という人物である。古賀穀堂は、蘭学とは西洋について学ぶもので、自然科学は中国の自然科学よりも精緻であるといい、西洋の政治や社会の仕組みを学ぶことが西洋を学ぶうえで大切であると説いた。

佐賀藩の蘭学研究は医学から始まった。1834（天保5）年年、現在の佐賀市に医学寮が建設される。

医学と軍事の近代化を推進した鍋島直正（閑叟）。（写真：徴古館）

そこで登場する人物が例えば、我々がかつて教科書で学んだ伊東玄朴という蘭学医である。伊東は1801（寛政13）年生まれで、長崎・鳴滝塾でオランダ人医師シーボルトに師事した。その後江戸で診療所を開業し、神田お玉が池に「種痘館」を開き、幕府お抱えの医師になった。伊東はそのとき徳川将軍家定の治療にも当たっていたという。種痘館はその後幕府に接収され、西洋医学所となった。

さて医学寮は、設立当初はオランダ語の文法書の翻訳などを行っていたが、次第に本格的な医学研究に入っていく。医学寮は「好生館」と名付けられ、藩の医療体制の拠点となる。疫病の天然痘を予防するため種痘（予防接種）も導入している。好生館は明治以降も県立病院として存続し、これが現在の佐賀県医療センター好生館である。

閑叟は当時では珍しい医師の免許制度も設けている。杉谷昭『鍋島閑叟』（中公新書）の中に、免許を与えた医師の数を医療分野別に分類した表がある。これを見ると医療分野は、内科、外科、針科、眼科、産科、蘭科、婦人科、兼科と細かく分かれている。当時の他藩ではこうした分類を藩が定めることなどなかったであろうから、佐賀藩の医学のレベルの高さが窺い知れる。

佐賀県立医療センター好生館の前にある閑叟と種痘の像。（写真：日本掃苔録）

医学研究に続いて軍事研究へ

佐賀藩の蘭学研究は、医学に続いて防衛・軍事に関する研究へと向かう。

1844（天保15）年から佐賀藩は幕府から長崎の警護を命じられる。そのため軍事技術を磨くということは佐賀藩の差し迫った課題であった。佐賀藩では1832（天保3）年頃から西洋の砲術研究を始め、10年後には西洋式の野戦砲の模型を完成させている。

当時の日本には命中精度が高く、飛距離の大きい大砲をつくるだけの鋳造技術はなかった。日本の鋳造技術で大砲を製造すると、鋳鉄のレベルのままで鉄がもろく、砲身が破裂するという事故が多発した。鉄製の大砲を鋳造で製造するには、不純物が多くもろい鋳鉄を精錬（溶かして不純物を取り除く）によって強度を高めなければならない（鋳鉄には炭素も多く、炭素を減らせば鋼鉄に近づく）。そのためには大量の鋳鉄を溶解する炉が必要で、まず着手したのが炉の開発だった。

これまでは学問・知識中心ですんでいたが、ここからは工業技術がどうしても必要になる。その工業化を先頭に立って引っ張ったのが閑叟だった。

鉄を大量に溶解する炉は、反射炉という。反射炉は、別形式の転炉が世に出るまで鉄の精錬装置の主流であった。現在では鉄の精錬には使われないが、鉄以外の金属の精錬に使用されている。反射炉の特徴は、熱を発生させる燃焼室と鉄の精錬室が別々になっていることで、燃焼室で生まれた熱が天井や壁に反射し、精錬室の炉床に集中して鋳鉄が溶け、精錬されるという仕組みである。

当時の日本に反射炉はなく、外国製を模倣することから始まった。

日本の反射炉の実現に貢献した人物といえば、歴史の教科書に出てくる伊豆韮山の代官、江川英龍が有名である。英龍は鎌倉時代から続く韮山の代官所に生まれ、家を継いで代官になった。彼が代官を継いだ1835年、すでに外国船が頻繁に日本を訪れていて、国防、海防の必要性が高まっていた。英龍は伊豆沖の海防の重要性を考え、長崎在住の高島秋帆に師事し、西洋砲術を学んだ。そして江戸に出て、砲術を広めるため「江川塾」を開く。弟子には佐久間象山、木戸孝允、橋本佐内、川路聖謨、黒田清隆などがいる。その後、韮山に反射炉を建設、また品川台場を築造し、江戸湾の防衛にも貢献した。

佐賀藩が反射炉建設に着手したとき、協力を要請したのが江川英龍である。閑叟はエンジニアリングの知識に乏しかったので、江川英龍の江川塾と技術提携することが開発に必要だった。この提携は佐賀藩の西洋技術習得にとって大変有意義であった。1850（嘉永3）年、佐賀藩は日本で初めて反射炉の実証炉を完成させた。結果、1850（嘉永3）年から1868（慶応4）年までの期間に佐賀藩がつくった大砲は271門であったという。

閑叟はさらに造船技術、航海術、砲台に関するノウハウを多くの藩士に学ばせた。1845

佐賀藩が建造した反射炉跡と大砲（模型）。（写真：佐賀市観光協会）

（弘化２）年、佐賀藩は参勤交代を免除され、長崎の警備に専念するようになるが、これを機に国防、軍事技術に対して藩の資源を集中させることが可能になった。１８５５（安政２）年には幕府の長崎海軍伝習所の教育が開始される。佐賀藩からは48名の参加があった。ここで藩士はボートの模型づくりや造船技術を修得した。

明治維新を牽引した薩長土肥の1つ、肥前の国が佐賀藩である。戊辰戦争時（１８６８～１８６９）年にはすでに閑叟は藩主を退き、家督を十一代藩主の直大に譲り、隠居の身になっていた。佐賀藩は新政府軍につき、英国にアームストロング砲を発注し、そのアームストロング砲が上野の彰義隊を攻めるときに絶大な効果を発揮している。佐賀藩は会津戦争でも先頭に立ち、勝利に貢献した。

閑叟は維新を見とどけた後、１８７１（明治４）年１月１８日、58歳の生涯を閉じた。

島津斉彬が生まれた名門・島津家

1809(文化6)年、島津斉彬は江戸屋敷で薩摩藩十代藩主の子として誕生した。父は島津斉興といい、斉彬はその長男である。幼名を邦丸といった。

島津家は言わずと知れた名門で、鎌倉時代から続く家系から換算すると斉彬は二十八代に当たる。初代忠久は源頼朝に可愛がられたらしく、薩摩・大隅・日向の3か国の守護職であった。十五代藩主の貴久は、子供の義久や義弘と組んで、九州平定をするまでの勢いにあったが、豊臣秀吉の九州平定で秀吉に屈した。1600(慶長5)年の関ヶ原の戦いでは、十七代藩主義弘は西軍についたがほとんど戦に加わらず、西軍が敗走するなか戦場に取り残され、孤立した島津隊は必死で敵中突破し、退却する。1500人ほどいた兵のうち、義弘とともに薩摩に帰還した兵はわずか80人ほどであったという。後退ではなく前方の敵陣を突破するというこの捨て身の退却戦は「島津の退き口」といわれ称賛された。

島津家は、本来であれば他家同様、西軍に味方した大名としてお家取り潰しになるのが当たり前であったが、義弘の息子の家久は徳川家康に伏見で謁見し、薩摩・大隅の2か国と日向の一部の領土を安堵された。

この歴史的事実は奇跡といってよいかもしれない。家康としても72万石の島津家を取り潰そうと九州に攻め入れば、屈強な島津勢の抵抗は非常に強硬だろうし、無駄な戦いを避けたかったのであろう。

いずれにしても島津家はその後も外様大大名として72万石の石高を守り続け、268年後、薩摩は徳川政権を倒し、明治維新の新政府の主役となる。歴史とは面白いものである。

英明な曽祖父の影響を受けた斉彬

成長した斉彬が開明的な大名になった背景には、曽祖父重豪の存在が大きかった。重豪は無類の外国好きであったようだ。重豪はオランダ語や中国語、そして外国の文物に強い関心を示し、自ら中国語の辞書を作るほどであった。鍋島閑叟もそうだったが、蘭癖大名といわれるほど進取の精神に富んでいた。18歳の斉彬を連れて江戸の大森にシーボルトを訪ねたこともあるそうだ。こうした曽祖父の言動が、ひ孫の斉彬に影響したことは想像に難くない。オランダ語の修得に熱心だった斉彬は、オランダ語が相当に使えたようで、オランダ語で書いた書簡も残っているほどだ。医学にも関心が高く、佐賀藩から牛痘（天然痘のワクチン）を取り寄せて、実子をはじめとする複数の子供に種痘（予防接種）を行っている。

また薩摩藩は海外情勢の情報収集に熱心であり、中国のアヘン戦争やペリーの日本への来航の情報などを適時把握していたようである。

オランダ語を習得するほど西洋技術導入に熱心だった島津斉彬。（肖像画：尚古集成館）

「蘭癖」の重豪に可愛がられた斉彬は、1851（嘉永4）年、薩摩藩主に就任する。しかし斉彬の藩主就任はあまり歓迎されなかったようだ。

重豪は蘭癖大名だったゆえに、多額の資金を使った。それが薩摩藩の財政のかなりの負担になっていた。そこで斉彬の父の斉興は、家臣の調所広郷を用いて財政再建を進めようとした。重豪の「蘭癖」とその薫陶を受けた斉彬を快く思わなかった斉興は、斉彬が40歳を過ぎても家督を譲ろうとしなかった。そのため後継選びが混沌とし、側室がわが子を斉興の後継ぎにと言い出すまでになった。

ここに至って跡目争いが勃発する。歴史的に有名な事件、「お由羅騒動」である。お由羅は斉興の側室であり、わが子久光を後継ぎにしようと画策する。久光派と斉彬派が争い、2年ほど藩内は大きく揺らいだが、最後は斉彬が43歳で家督を継ぐという結末を迎える。だが、両派のしこりは残り、斉彬の前途に影を落とす。

斉彬が先導した革新的事業とは

斉彬も佐賀藩主鍋島閑叟と並んで、当時の先進的大名といえる。この2人に水戸徳川家当主徳川斉昭を加えた3人は、幕末の日本を代表する名君である。

では斉彬が手掛けた数々の革新的な業績とは何か。

まず洋式帆船の建造を1851（嘉永4）年に着手し、1855（安政元）年に竣工させている。軍艦の製造にも乗り出す。最初は琉球大砲船の建造だったが、斉彬はそれでは物足りず、日本国全土で通用する軍艦の建造を望んだ。斉彬は蒸気機関の開発を家来に命じ、1866（慶応2）年に国産の蒸気機関を完成させ、その蒸気機関を船に取り付け、国産初の蒸汽船「雲行丸」を造っている。しかし、技術的に限界があり、蒸気機関の馬力不足は否めなかった。

反射炉の製造は、薩摩藩に先んじて製造に成功していた佐賀藩から西洋の専門書の翻訳本を借り受け、1852（嘉永5）年に反射炉のひな形の製造に成功する。さらに大型の反射炉の建設を命じ、同年冬に完成させている。続いて斉彬は高炉の建設にもチャレンジしている。鉄鉱石を溶かして銑鉄を取り出す高炉と、銑鉄を精錬する反射炉を組み合わせれば、近代的な製鉄業が成立する。斉彬はそこまで考えていた。

また、さまざまな製錬所も設けている。製錬とはさまざまな鉱石から金属を取り出すことで、非金属の場合も含む。冶金、医薬、ガラス、硫酸、硝酸、塩酸など製錬の技術開発を積極的に進めた。特に薩摩のガラス製品の品質は高く、斉彬の死後、ガラス工場が縮小され一時途絶えるものの復活し、現在も「薩摩切子」の名称で知られている。

石炭産業は福岡藩から技術者を呼んで指導を受けたが、石炭の品質が悪く実用化しなかった。サトウキビからつくる黒砂糖は薩摩藩の貴重な収入源だが、その収益をさらに上げようと西洋式の製糖技術を導入し、白砂糖の製造に乗り出すが、結局、中断した。

紡績にも力を入れた。遣英使節団として欧州に行っていた五代友厚のあっせんで、紡績機械を英国から輸入し、日本初の機械紡績工場「鹿児島紡績所」を設けた。機械紡績は明治期になると日本各地で急速に発展していく産業である

島津斉彬が主導した「集成館事業」の西洋式の工場群。（写真：尚古集成館）

が、その基礎を築いた功労者は斉彬だったといえるのではないか。

斉彬の主導で行われたこうした西洋式の近代的工場群の建設を「集成館事業」という。現在の鹿児島県磯地区を中心に展開されたさまざまな事業は、反射炉跡や機械工場（尚古集成館）などが遺構として残り、事業の先進性を今に伝えている。

しかし薩摩、いや日本にとって実に残念なことに、斉彬は１８５８（安政５）年、わずか50歳という若さで、明治維新を見ることなく亡くなった。死因は病死という説から久光派による暗殺説（毒殺）まである。後を継いだのは遺言により久光の実子だったが、実権は久光が握った。その後は「集成館事業」も縮小されていく。いずれにしても斉彬のような開明派の名君を早々に亡くしたことは日本にとって大きな損失

薩摩藩が建造した反射炉跡。（写真：鹿児島県観光連盟）

だったと思う。

鍋島閑叟と島津斉彬にみる共通点

江戸時代、日本は鎖国をしていたといっても、完全に国を閉ざしていたわけではない。長崎でオランダとの交流・交易はあったし、薩摩藩は琉球国との間で貿易を行っていた。朝鮮国からも通信使が来日している。情報ルートの多様性、深さは現代とはもちろん異なり、大名といえども見聞が狭かったには違いないが、狭ければ狭いなりに、彼らは情報収集を意識して積極的に行った。そうやって仕入れた技術情報をもとにさまざまな事業化を試みたのである。

閑叟と斉彬、２人に共通する点を挙げてみよう。

まず人づくりに熱心なことだ。閑叟が藩士の子弟に対し、文武両道を指導し、出世主義を改めさせ、留年組は藩の仕事にはつけないという掟を制定したことはすでに述べた。

一方、島津斉彬も藩士子弟の規律の徹底を行い、地域共同体における教育の振興を図った。これを郷中教育というが、薩摩では藩校と家庭での教育以外ではこの郷中教育が主流だった。なぜなら薩摩は町場の寺子屋が少なかったからである。郷中教育のリーダーには15歳程度の青年が就いた。ここで学ぶ人間の年齢は、下は5歳くらいから上は25歳くらいまでと幅が広い。ここでは先輩が後輩を指導するというスタイルの教育が行われた。藩校には造士館と演武館があったが、斉彬はこの二校の改革を計画した。人材あっての藩、人材あっての国家、この視点はいつの世にも共通している。

次に当然のことではあるが、2人はほぼ同時代を生き、その時代の世の中の動きに敏感であったことだ。パラダイムが大きくシフトした時代を彼らは生きた。彼らが生まれる以前の江戸時代では決して許されなかったであろう欧米の技術や文化の研究が比較的容易になった。しかし同じ状況でも、世の中の動きについていけない大名、鈍感な大名も数多くいたであろう。そういうなかにあってこの2人の名君は目のつけどころが違い、国家的な見地から危機感をもって生きていた。その危機意識が洋式の技術の応用研究、技術開発に駆り立てたのである。

ただ一点違うのは、これは筆者の感想だが、同じ西洋の技術に関心をもった2人だが、鍋島閑叟はどちらかというと技術者タイプ、一方の島津斉彬は事業家タイプのにおいがする。

2人ともその後の日本の産業発展に一石を投じた。明治時代、日本は富国強兵、殖産興業をスローガンに欧米に追い付つこうとむしゃらにもがいてきた。鉄道敷設、電信電話、紡績、医学、照明（ガス灯）、医学など多様な分野で日本は欧米を手本に国力の増強を図ってきた。考えてみれば、明治時代の殖産興業や富国強兵という目標は、すでに鍋島閑叟や島津斉彬が持っていた。2人の試みは、明治期の日本のこうした取り組みの礎になったといえるのではないか。

まとめ

- 幕末を代表する名君に共通するのは、時代の先、パラダイムシフトを読む力に長けていたということだ。新型コロナウイルスによるパンデミックで全世界が混乱するなか、ポストコロナの状況をどう読むかで、未来が変わる。時代を先読みする力は誰もが必要になる。
- 佐賀藩と薩摩藩が、人材育成に特に力を入れたことは重要である。人材は組織における「人財」であり、「人財」あってこその組織である。人材は、金、ものを凌ぐ組織の経営資源である。
- 科学の研究者だったわけではない2人が、科学を極め、技術を学び、そしてそれを実践知として活かした。産業能率大学の建学の精神に、「マネジメントの思想と理念をきわめ、これを実践の場に移しうる能力を涵養し、もって全人類に幸福と繁栄をもたらす人材を育成することにある」とある。知識を実践の場に移す能力を磨くことが重要だ。
- 人には運命的な出会い、時機がある。鍋島閑叟や島津斉彬がいかに優秀な人物であったとしても、もう少し早くこの世に生を受けていたら、どうなったか、こうした先端的な行動をとりえたであろうか、つくづく考えてしまう。人間には、人それぞれが活躍できる時代、場にちょうど居合わせているのかどうか、運やタイミングが重要であろう。

土方歳三

新選組を近代的軍隊に変えた凄腕サブリーダー

土方歳三●ひじかた としぞう　1835（天保6）～1869（明治2）年
新選組で局長近藤勇を支えた鬼の副長。鉄の規律で浪人や商人の寄せ集め部隊を、プロシア軍のような近代的軍隊組織につくりあげた。マネジメントの才を持つ剣士だった。池田屋騒動で一気に有名になり、幕臣に取り立てられた新選組は戊辰戦争に参戦。最後の戦い、函館戦争で土方は戦死する。士道を貫き、幕末の争乱を駆け抜けたラストサムライであった。

土方歳三と近藤勇の生い立ち

土方歳三は、1835（天保6）年武州多摩郡（現在の東京都日野市）の10人兄弟の末っ子として誕生した。実家は豪農であり、今もこの周辺は「土方」姓の人が多い。

歳三は小さい頃に両親をなくし、姉ノブを母親のように慕っていた。幼少期は相当の悪がきで、暴れん坊であったという言い伝えがある。

歳三は11歳のとき、上野松坂屋に奉公に出るが、番頭から厳しくされて、飛び出してしまう。また17歳のときには江戸大伝馬町の呉服屋に奉公に出るが、今度は女性問題を起こしてしまう。

その後は、浅川の河原に生息する牛革草という植物を原料にした薬「石田散薬」をつづらに背負い、行商にまわった。将来は武士になるという強い信念があった歳三は行商の合間をみては剣術道場に飛び込んで、稽古をしてもらっていたという。

姉のノブは、甲州沿いの名主の佐藤彦五郎に嫁ぐが、佐藤家の屋敷は日野宿の脇本陣を構えていていたほどの名家である。佐藤彦五郎は、歳三が新選組副長になった際も資金的支援をしていた人物である。歳三は20代の若き日にはその佐藤家に入り浸っていた。彦五郎は天然理心流の道場を構えており、そこには牛込柳町の試衛館道場から、将来、歳三と生死をともにする近藤勇、沖田総司などが出張稽古に来ていた。歳三はよほど剣の才能があったのか、異例の速さで天然理心流の免許皆伝を取得したといわれる。天然理心流は殺法剣であり、竹刀を使った単なる剣道とは違い、重量のある重い木刀で相手を殺傷するための剣術である。つまり実践的なのだ。また、剣術のみならず柔術や棒術をも取り入れた勝つ剣法である。

ここで近藤勇（こんどういさみ）の生い立ちについても説明しておこう。近藤勇は1834（天保5）年に武州多摩郡上石原村にて誕生した。実家は農家で、もともとの姓は宮川で、幼少期の名前を勝太といった。近藤は幼少期から才気煥発で、10代半ばで天然理心流門下に入門した。近藤は天然理心流の三代目道場主・近藤周助に認められ、近藤家に養子に入り、四代目を襲名することになる。1861（文久元）年のことである。その襲名披露の試合が府中の大國魂（おおくにたま）神社で敢行されている。ここにはのちに運命を共にする土方歳三、井上源三郎、沖田総司などの姿もあった。近藤という人物は口が大変大きく、饅頭を一度に数個ほおばることができるなど豪放磊落なイメージがあり、実際そういう人物だったと思う。

しかし一方で意外と繊細な面もある。こんなエピソードがある。まだ宮川家の人間だったときのこと、夜陰にまみれて家に盗人が侵入し、何かないかと物色していた。そのとき、近藤の兄が「いまだ！　捕まえよう」と飛び出そうとするところを、勇が抑えた。「盗品を物色中のときは盗人はいきり立っている。盗品を手に入れて逃げるときは盗人は早く逃げようという気持ちが強く気持ちも弱くなっているから、そのときが捕獲の好機だ」と兄を留（とど）め、見事盗人を捕獲したという話が残っている。

浪士隊に参加した後、新選組結成

さて1863(文久3)年、将軍が京に上る警護役として、幕府が浪士を募集するというニュースが試衛館に舞い込んできた。浪士隊募集に大きく関わったのが清川八郎という庄内藩出身の人物だった。清川はのちに浪士隊の面々が予想だにしなかったことをしでかす。

話を戻すとこの応募に乗ったのが、近藤勇、土方歳三、沖田総司、井上源三郎、永倉新八、藤堂平助、斉藤一など、のちに新選組を結成するときのメンバーであった。小石川の伝通院に集まった浪士たちは、院を出て中山道を歩き、京に向かった。

この旅の途中、ゆくゆくは土方たちの宿敵となる芹澤鴨と出会う。芹澤は水戸の出身の浪士であり、気性は大変激しく、酒癖もことのほか悪かったようだ。酒席で起こした騒動もなんとか近藤が奔走し、芹澤の怒りはおさまった。

浪士隊の一行はいよいよ京に到着、壬生村に入った。当時の壬生は京のはずれで、畑や田んぼの広がる田園であった。いまも壬生菜という名産があるが、その当時は壬生菜畑が広がっていたという。土方、近藤、芹澤などは、壬生村の八木邸を宿舎として使うことになった。

京についてほどなくして、土方たちは浪士隊の本部となった新徳寺に召集された。そこで清川から聞かされた本意は、「浪士隊の職務は、十三代将軍徳川家茂の警護ではなく、尊皇攘夷にある」というものだった。土方や近藤にしてみれば、あくまでも職務は将軍の警護であったため、話が違う。京にとどまり将軍の警護に命をささげるということで、京に残ることにした。清川八郎はほとんどの浪士隊を連れ江戸に戻るが、幕府の手によって江戸で暗殺されてしまう。

土方たちは京に残ったはよいが、収入も具体的な仕事もない。そこで新設の京都守護職という治安維持の総元締職に就いた会津藩主の松平容保公を訪ね、京の治安維持の職を得ることになったのである。新選組結成の瞬間である。しかし土方たちは武士の資格がないため、京都守護職預りの浪士という身分であった。当時の京都の町衆は、彼らをさげすんでおり、「壬生の浪人」つまり「壬生浪」と呼んでいたようだ。それもそのはずだ。着ている着物はぼろぼろであり、野蛮な感じがしたはずだからだ。そこで大店の大丸呉服店に発注し、隊服を調えた。

新撰組副長土方歳三。（写真：土方歳三資料館）

結成当時の新選組の組織を見てみよう。なんと局長は芹澤鴨、新見錦、近藤勇の３人体制である。このうち芹沢鴨と新見錦は仲間であり、近藤は孤独な存在である。副長には歳三と山南敬助が就任している。土方は嫌われ役、汚れ役を担当する副長という補佐役に就いた。

ここで土方歳三が就いた補佐役の役割を見て

いこう。名経営者には名補佐役がつきものである。土方歳三はまさに近藤にとってのよき補佐役だった。

補佐役はまずリーダーに諫言する機能をもつ。次に補佐役はリーダーの足りない部分を補う役目を負う。

近藤勇というリーダーは大変明るい人物であったようで、幕臣に取り立てられたときなどは大変うれしそうで大名気取りだったというから性格は陽性だったと思われる。それで陰の土方が近藤の行動を諫める役割を負ったのであろう。

新選組局長・近藤勇。（国立国会図書館臓の書物より）

また土方は精緻なことを実行する能力に非常に長けていたと考えられることから、近藤を補完する役割も負ったであろう。芹澤鴨を粛清した翌日、近藤は隊士を集め、哀悼の辞を述べている。そしてその内容は「何者かによって芹澤先生はなくなった」というようなものであった。白々しい行為であるが、土方歳三の演出があったと筆者は考えている。

新選組の隊士には、まず武士（浪人）がいて、さまざまな流派の使い手がそろっていた。浪人以外では商人など武士以外の職業の人間も入隊した。寄せ集めの集団がまとまるためには一糸乱れぬ組織づくりが先決だった。

その一例として、敵の真ん中に立つ隊士を日替わりで隊士全員に経験させる「死番」、必勝を期すため敵を上回る数の隊士で叩くという戦術などがある。こうした仕組みを考えたのも土方であった。

芹澤鴨と芹澤派の一掃

芹澤鴨は、先述のとおり、水戸藩出身の浪士で天狗党に入っていたが、神道無念流の剣を学び、大変な剣の使い手だった。芹澤は天狗党の仲間を惨殺するなど乱暴狼藉を平気ではたらく人物でたいそうな酒好きだった。新選組局長になってからもその荒い性格は改まらず、商家に行って軍資金と称して金をせびり、謝絶されると大筒を商家にぶち込む、力士と肩が触れたというだけで力士を殺害、また八木邸に来ていた呉服屋の梅屋の女房を寝取るなど、人としてあるまじき行動をし続けた。

京都守護職・松平容保は、土方、近藤を呼びつけ、芹澤鴨を暗殺するようにとの命を下した。すぐさま歳三たちは、芹澤鴨を島原の料亭でおおいに飲ませた後、八木邸で暗殺、また芹澤派の浪人たちも一掃し、ここに名実ともに、近藤、土方による新選組が発足することになる。

1863年9月のことであった。

ここで歳三が中心となって制定したといわれる、新選組の局中法度を紹介しておこう。

局中法度

一　士道にそむいてはならない
二　局を脱することは許さない
三　勝手に金策してはならない
四　勝手に訴訟を取り扱ってはならない
五　個人的な闘争は認めない
以上にそむいた者に対しては、切腹を申し付ける

違反者は切腹という厳しいものである。

新選組は、武士よりも武士らしいといわれるが、天下泰平の江戸時代にあって、武士といえども腑抜けのような者が多いなか、新選組を本当の武士集団に育てていこうという考えがにじみ出たような規則である。

これは組織のメンバーが共有すべき考え方であり、行動規範である。行動規範はその組織のメンバーがいかに行動すべきかを示す指針である。局中法度は「士道を貫くこと」を是とし、その根底には徳川幕府という体制を是が非でも守り抜くという共有の価値観の裏づけがあった。

新選組のリーダーシップのタイプは、独断専行型管理をし、動機づけは脅迫・懲罰によるという、リッカート（マネジメント・システム論）のいう「権威主義型」リーダーシップであったといえる。「権威主義型」システムでは、リーダーは部下を意思決定に参加させることなく、統制機能はトップに集約され、部下は恐怖・脅迫・懲罰によって働かされて、わずかな報酬でやっと生活できるような組織とされている。

池田屋騒動で一気に有名になる

新選組の名前を世に轟かせた池田屋騒動はあまりにも有名である。池田屋騒動は1864（元治元）年、祇園祭の開催されていた6月に勃発した事件である。

1865（慶応元）年の新選組の組織図を見てみよう。局長は近藤勇、副長・土方歳三、（総長だった山南敬助は同年切腹）、副長助勤・沖田総司、永倉新八、原田左之助、藤堂平助、井上源三郎、斎藤一、松原忠司、鈴木三樹三郎、武田観柳斎、谷三十郎、監察方は山崎烝（やまざきすすむ）など、勘定方は河合耆三郎（かわいきさぶろう）などであった。このような組織は「ライン&スタッフ」の組織である。この組織形態はプロシア軍の将軍モルトケ*が発想したという。新選組の場合、局長、副長、組長、隊士がライン、諜報活動を行う監察方と会計事務にあたる勘定方はスタッフ部門である。

なお新選組の組織は土方歳三が考えたものであるといわれている。経営学を学んだという記

＊モルトケはプロイセン及びドイツ帝国の軍人で、近代ドイツ陸軍の父と呼ばれる。

新選組の組織図

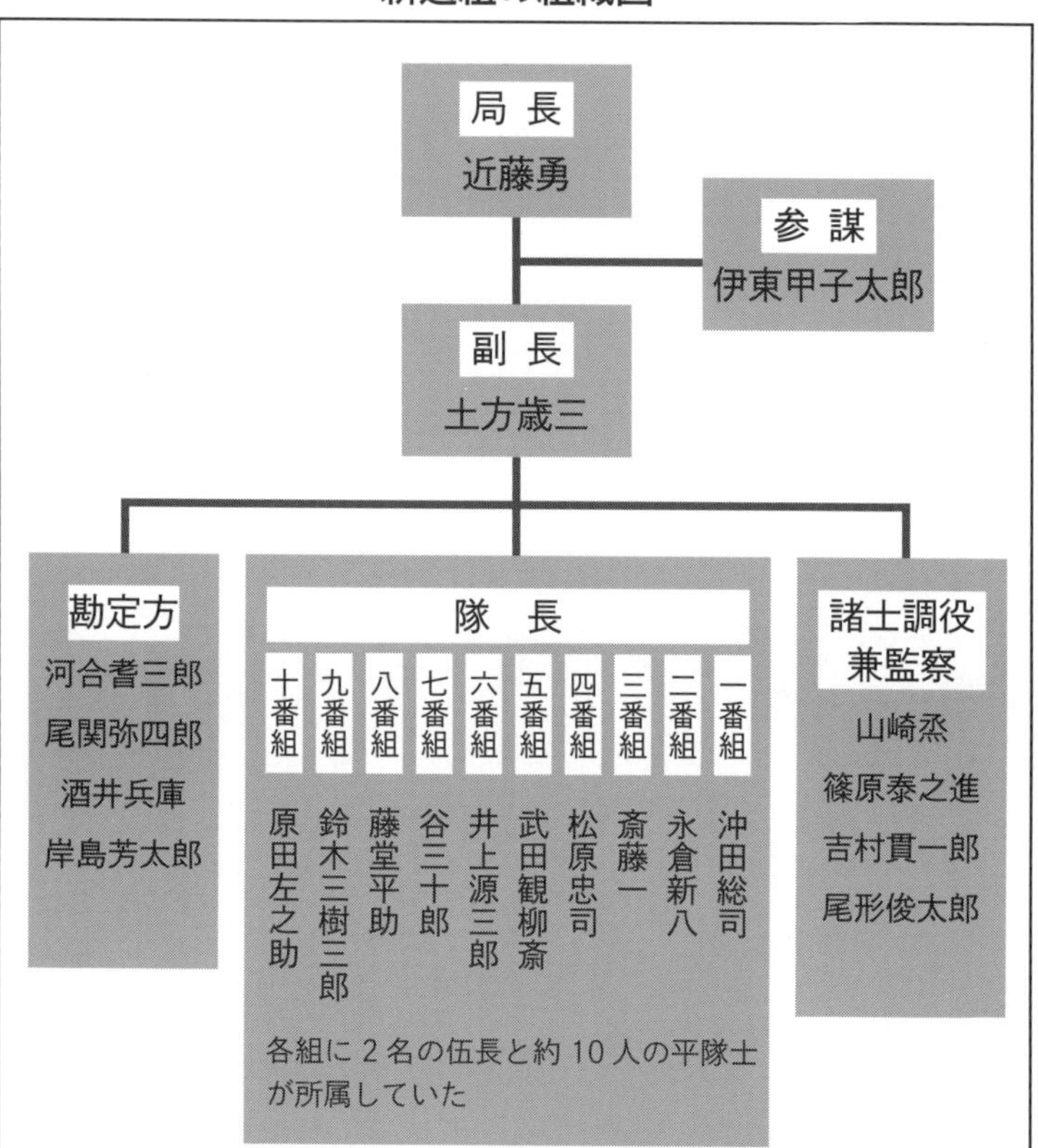

新選組の組織は、局長（近藤勇）をトップに、その下に副長（土方歳三）、補佐役の参謀（伊東甲子太郎）がつき、副長の下に1番隊から10番隊の部隊が並ぶ。命令系統は1本化され、局長→副長→各隊長へと垂直に命令が伝わり、決断も行動も早い。副長の下に勘定方（経理）と諸士調役兼監察（隊内外の諜報活動）が配され、実質的には副長がヘッドとなり、組織を運営する実権を握っている。
プロシア軍の将軍モルトケが考案した「ライン&スタッフ」の組織によく似ている。ラインが直属の戦闘部隊、スタッフが勘定方、監察である。1865（慶応元）年頃の組織図。

（「Gakken Mook CARTAシリーズ 新選組」学研パブリッシングを参考に作成）

録のない土方が、このように近代的組織をつくっていたことは驚きである。土方には組織構築の才があったものと推測できる。

池田屋騒動の顚末は以下のとおりである。ことの発端は、尊皇攘夷派の商人である古高俊太郎が新選組に捕縛されたことから始まる。古高俊太郎はもともと梅田雲浜の門下生で、文久年間に炭薪商人を装った革命児として暗躍した人物である。新選組監察方の山﨑烝らの諜報活動によって、古高が尊王攘夷派の浪人であり、その同志が天皇を京から担ぎ出し、京の街を焼き払うことを計画していることをつきとめる。その同志の連判状が新選組の古高の店への家宅捜索で発見され、古高は新選組の屯所にしょっ引かれてしまう。当初、拷問にもかかわらず古高は一切口を割らなかったが、土方の拷問で、京の焼き討ち、天皇争奪計画をしていることを白状してしまう。

土方の行った拷問は相当ひどかったらしく、古高を逆さづりにして、足の甲に百目ろうそくを釘で打ち込み、ろうそくに火をつけ、叩き拷問したという。土方の冷徹な面がよく見てとれる。天皇争奪・長州への動座、京の焼き討ち計画は、祇園祭の前の強風の日を選んで決行するとしていたらしい。このクーデターを計画していたのは、長州藩、土佐藩、肥後藩などの脱藩浪士の過激派志士である。このなかには、肥後藩脱藩浪人の宮部鼎蔵、長州藩脱藩浪人の吉田稔麿など俊英がいた。

京都四条の旅籠池田屋で、旧暦6月5日の夜、志士たちが謀議をしていたところを、近藤勇、藤堂平助、永倉新八、沖田総司の４人が急襲した。この日、池田屋にいたのは宮部、吉田をはじめ尊王攘夷派の志士20人ほどだった。新選組の藤堂は戦闘中額を割られ、また沖田は持病の結核から吐血、永倉も指を失うという傷を負いながらも、志士たちを捕縛していった。

この池田屋騒動により、幕府倒壊が1年、あるいは3年遅れたといわれる。

8月には池田屋騒動で幕府から報奨金が下され、新選組の知名度は急上昇し、正式な幕府の組織への道につながっていく。

同志・山南敬助との決別と西本願寺への屯所移転

山南敬助総長は江戸牛込柳町からの同志である。山南はぽっちゃりしていて、新選組隊士の悩み相談などに乗るやさしい人物だったようだ。

山南は、土方が新選組を先鋭化していくのを目の当たりにして、嫌気がさした。そして脱走を図った。土方も近藤も、昔の同志の脱走に対してどう対処していいか、おおいに悩んだことが容易に想像できる。最終的には土方や近藤は、山南を兄と慕う沖田総司に命じ、滋賀県で休んでいた山南を屯所に連れ戻させ、「局を脱した罪」に問い、切腹を申しつけた。介錯は沖田総司が務めた。

情をとるか規律をとるか、とかく人間は情に流されやすい。しかし組織では情を挟まないことが肝要だ。しかも親しい人間に対してほど、公平、客観的に接することを、この史実は教えてくれる。山南が切腹をした2週間後の1865（慶応元）年3月10日に、新選組は屯所を壬生から西本願寺に移す。隊士の数が200人を超えたため、広い屯所が必要になったのである。西本願寺側は大いに困惑したことが想像できる。新選組が西本願寺に屯所を移したのには広さという理由だけではなかった。当時西本願寺は、反幕府・尊皇攘夷派の長州藩を陰ながら支えていたからである。このため土方は屯所を西本願寺に置き、長州藩の動向を見張っていたものと思われる。

ここで土方のマネジメントの見習うべき点を記したい。

西本願寺では新選組隊士が豚を殺し、食していたが、内臓は放ったままで、また病人・けが人が休む部屋も特になく、不衛生極まりない部屋にそのまま寝かせていた。そこに松本良順がやってきた。松本良順は徳川幕府の御典医で、明治維新後は軍医総監を務めた医者である。松本良順は土方に屯所の不衛生を指摘した。これに対し土方は1日で病室を整え、風呂も備えたという。この機敏な判断と行動は誰もが見習うことであると思う。

鳥羽伏見の戦い、敗戦に次ぐ敗戦

1867（慶応3）年6月、とうとう新選組は幕臣に取り立てられた。とくに近藤勇は御目見得以上の格をつかんだ。大名格の身分だ。

しかし、この頃にはもう幕府の力は減衰しており、幕府の旗色が悪くなるとともに、新選組は同じ年、屯所を西本願寺から不動堂村へ移動させることになる。この不動堂村の屯所は大名屋敷のごとく壮観だったらしいが、西本願寺が建設したものだった。しかし１８６７年12月に王政復古の大号令が発せられると、新選組は不動堂村から伏見奉行所に屯所を移す。

そして、いよいよ１８６８（明治元）年1月、鳥羽伏見街道で政府軍と幕府軍とが衝突、鳥羽伏見の戦いが始まった。十五代将軍徳川慶喜公は主戦派の主張を抑えきれず、薩長相手に会津、桑名の両藩とともに新選組は戦った。

幕府軍の兵力は薩長軍の3倍もありながら、刀、槍の幕府軍に対し、銃火器の薩長軍という力の差はいかんともできなかった。このハード面の差に加え、モチベーションの差も出た。どちらかというとモチベーションでの両軍の差のほうが、勝負を決する面が強かったと推測する。

それは薩長軍の「錦の御旗」である。この旗のおかげをもって、薩長軍は天子様の軍隊、つまり官軍になったのだ。これにより官軍に逆らう輩は賊軍となり、幕府軍はおおいにモチベーションが下がったと容易に想像できる。これより幕府軍は敗走に次ぐ敗走を遂げることになる。このとき土方は、「もう刀の時代は終わった」と嘆いたという逸話も残っている。

新選組は敗走し、譜代大名である稲葉家の居城である淀城に行き開城を頼むも拒否され、ついには大坂城にまで撤退した。そこには徳川慶喜がいたが、なんと徳川慶喜は夜間、わずかな側近とともに幕府の軍艦・開陽丸で江戸に逃げ帰ってしまう。その理由はいまだわかっていない。

近藤と土方は、勝海舟から、甲府へ行き、板垣退助率いる官軍の制圧に行くように命じられる。そのとき勝が近藤に提示した条件は鎮圧に成功した暁には近藤を10万石の大名に取り立てるというものであった。勝海舟としては江戸無血開城を目論んでいたので、新選組のような交戦派の存在は邪魔で、遠くに追いやったものと思われる。甲州街道を下って甲府に行く途中、近藤や土方は出身地の日野で大歓迎を受け、甲府へ向かうのがおおいに遅れてしまった。そして甲府城はすでに官軍の手に落ち、勝沼で官軍と幕府軍は衝突、幕府軍は負け、近藤や土方はむなしく江戸に引き返す。彼らは態勢を整え流山にて本陣を構えるが、近藤は流山で投降し、板橋にて処刑される。

箱館戦争と土方の最期

幕府軍は、聖地である日光で官軍と戦うべく、北上し、宇都宮城を陥落させた。土方の幕府軍における名声は高く、軍の参謀という重職に就いている。しかし官軍は宇都宮城を奪還すべく果敢に戦い、ついに幕府軍は宇都宮城を奪われてしまう。このときの銃撃戦で土方は足に銃弾を受け、会津・東山温泉で治療に専念する。怪我の治療から戻った土方率いる新選組は官

箱館戦争の図。幕府軍は海からも陸からも新政府軍に追いつめられ、五稜郭が最後の戦場となった。（市立函館博物館）

軍と戦うが、会津藩が官軍に降伏。土方は仙台藩に味方についてほしい旨要請に出向き、失敗するが、ここで幕臣・榎本武揚と出会う。榎本武揚は若い頃オランダに留学し、国際法、機密学などを学んだ俊英である。榎本は桑名藩主の松平定敬、幕臣・大鳥圭介など2500名を引き連れて、1868（明治元）年10月蝦夷地に渡った。官軍に降伏した箱館軍を榎本、土方らは陥落、11月には土方が松前城を陥落する。12月には投票によって蝦夷共和国の総裁には榎本武揚、陸軍奉行に大鳥圭介、蝦夷共和国の陸軍奉行並には土方が選ばれ、就任している。

土方率いる旧幕府軍は軍艦・回天に乗り新政府の軍艦を奪取せんがため奮闘するも結局失敗、新政府軍はじわじわ幕府軍を追いつめていき、1869（明治2）年5月、最後の戦場となった五稜郭から、土方は新選組隊士を救うべく出陣したが、一本木という場所で銃弾に倒れ、帰らぬ人となった。そして土方が戦死して7日後、ついに蝦夷共和国は新政府軍に降伏した。

土方歳三は近藤と流山で分かれ、蝦夷の地で命が果てるまで、今度は補佐役からリーダーになった。戦場での土方の行動や発言は「退却するものは切り捨てる」と鬼気迫る土方であったが、優しい一面も見せている。それは明日は決戦という前の日の夜の宴席で、土方は打って変わって「母親のように」部下に接したという。部下は大変感激し、そのときの土方の様子を日記に残している。

京都での一見すると冷徹な土方歳三は、実は温かいハートをもったバランスのよいリーダーであったのではないかと想像できる。

まとめ

●組織人は、情に負けて規則にたがわぬことをしてはいけない。どんなに親しい人間であろうと、規則に違反した者には罰則が必要である。

●部下がまだ信じられず、厳しい掟で組織を縛る方法は、組織を構成するメンバーがどういう人間かわからない段階でとるべき方法であり、構成メンバーの人となりがわかり、組織が成熟するにつれ、上司は部下を信用し、仕事を委任するべきである。

●組織で大切なことは、「巧遅より拙速」である。どんなに完璧な出来栄えであっても時間がかかりすぎると、チャンスを逃すことになる。70点の出来栄えでもでもよいから、早く成果を表に出すことだ。企業経営もまさに同じで、市場投入時機を逃すと、売れる商品も売れなくなる。

●上に立つものは、範を示さねばならない。また結果責任は上の者がとらねばならない。上に立つ者が先頭に立ってものごとにあたれば、下の者も必ずついてくる。

●戦略と戦術は一見同じように見えるが間違ってはならない。戦略は大きな全体像を示すこと。一方、戦術は個別の戦い方である。戦術も重要だが、グランドデザインを描く戦略の優劣が組織の行く末を決めていく。

西郷隆盛・勝海舟・山岡鉄舟

江戸無血開城の立役者の危機に立ち向かう覚悟

西郷隆盛●さいごう　たかもり　1828（文政10）～1877（明治10）年
薩摩藩の下級武士に生まれたが、藩主・島津斉彬に抜擢され、盟友大久保利通とともに藩政を動かすまでになる。明治維新の立役者の1人。戊辰戦争では参謀となり、江戸無血開城を実現。維新後、明治政府の元勲となるが西南戦争で没する。

勝海舟●かつ　かいしゅう　1823（文政6）～1899（明治32）年
小身旗本の勝家に生まれ、剣は直心影流の免許皆伝、蘭学も学んだ。ペリー艦隊来航の際に提出した海防政策が認められ、幕府の海軍伝習所に入所。咸臨丸の艦長として渡米。江戸無血開城の幕府側交渉人。維新後、明治政府の要職も務めた。

山岡鉄舟●やまおか　てっしゅう　1836（天保7）～1888（明治21）年
幼少より剣術を学び達人の域に。書や禅も学ぶ。山岡静山に槍術を学び、師匠亡きあと山岡家の婿養子になる。江戸無血開城の影の立役者。人格、度量を見込まれ、密命を受けて西郷と事前交渉にあたる。維新後は明治天皇の侍従を務めた。

戊辰戦争で江戸無血開城に導いた功労者が3人存在する。新政府軍の参謀総長というべき西郷隆盛、徳川幕府の総責任者勝海舟、そして幕臣山岡鉄舟である。この3人が一致協力して江戸を大惨事から救う無血開城を成し遂げたといってよい。

さらに陰の功労者を挙げるとすると天璋院篤姫だろう。天璋院篤姫はNHK大河ドラマの主人公になっているからご存じの方が多かろう。島津家の一門に生まれた篤姫は、島津家本家の養女となり、徳川十三代将軍家定に嫁いだ人物である。篤姫は西郷隆盛に嘆願書を書き、江戸総攻撃をやめてくれるよう懇願した。篤姫からの書状を読んだ西郷は感涙したという。

現代もさまざまな危機事象が発生する。危機には関係者が交渉によって止めることのできるものと、交渉によって止められない危機とがあるが、無血開城という史実は関係者の交渉の妙が成しえたものであった。西郷隆盛、勝海舟の人物像をまず述べて、それから江戸無血開城までのプロセスと山岡鉄舟の役割を見ていこう。

西郷隆盛とはどういう人物か

西郷隆盛も2018年度NHK大河ドラマ「西郷どん」で取り上げられたが、初めてではない。1990年度の大河ドラマ「翔ぶが如く」でも描かれている。西郷隆盛ほど日本人に人気のある人物はいないと思う。鹿児島に行くとその空気がひしひしと伝わってくる。西郷隆盛と仲がよく、幼い頃は夕食をお互いの家にとりにいっていたという大久保利通にあまり人気がないのと対照的だ。西郷隆盛は身長も横幅もあり恰幅がよく、いかにも大物というイメージがあり、人間の規模が尋常ではない感じがする。

一方の大久保はきわめて優れたスマートな能吏的な政治家である。日本国の基礎づくり、特に内政面の制度構築に大きく貢献した人物だが、人気者西郷隆盛を西南の役で敵に回してしまったため、冷徹で血も涙もない人間としての印象が強まった。

余談であるが、大久保の人間としての性格がよかったか悪かったかという総合的な判断はおいておくとして、1878（明治11）年に紀尾井坂で不平士族に暗殺された後わかったことがある。大久保には資産がなく、残ったのは多額の借財しかなかったということだ。つまり大久保は清貧の政治家であり、現代人が大いに学ぶべきところのある人物である。かつて桜田門の旧警視庁の中にある資料館を訪ねた際、大久保利通を暗殺したときの真剣が展示されていたが、大久保がもっと長く生き延びてくれれば、明治以降の日本にとってもっとよい影響があったのではないかと考えると無性に寂しい気分になった。

さて西郷隆盛は1827（文政10）年、御小姓与の勘定型小頭をしていた吉兵衛と、マサとの間に生まれた。父の身分が低かったため、子供の頃の西郷は本当に貧しい生活を送ったようである。

西郷が大きなチャンスを得たのは、開明派大名であった薩摩藩主島津斉彬の知遇を得て、

1854（安政元）年に御庭方役を仰せつかったことによる。御庭方役とは機密情報を扱い、諜報活動を行う役目を指し、御庭番といえばわかりやすいだろう。江戸詰め勤務の西郷は島津斉彬との距離をどんどん縮めていき、斉彬から教わることも多かった。

しかし、その斉彬が1858（安政5）年急逝したのを機に西郷の境遇は一変する。

当時、開国派の大老井伊直弼が幕府の実権を握り、安政の大獄（安政5～安政6年）を繰り広げていた。尊王攘夷派であり公武合体を画策した島津斉彬は、生前軍事訓練を鹿児島で行い、兵を引き連れて江戸に上るつもりだったともいわれる。井伊直弼は十四代将軍に紀州徳川家の徳川慶福の継承を決めた。直弼に対抗し、斉彬とともに一橋慶喜を十四代将軍に推していた勢力、例えば水戸徳川家の徳川斉昭、福井藩主の松平春嶽などは辛酸をなめることになる。

西郷は主君島津斉彬の訃報を知り、尊王攘夷派の月照という僧と錦江湾に入水し自殺を図ろうとした。結局月照は亡くなったが、西郷は生き残った。薩摩藩は、西郷隆盛を幕府の目から隠すため奄美大島に謹慎させた。島で西郷は愛加那という娘との間に菊次郎という息子をもうけている。

斉彬の死後、弟の島津久光の子が藩主となり、後見として久光が実権を握った。久光は公武合体に動こうとしたが、京では兄の斉彬ほどの人望がない。薩摩藩が公武合体運動を主導するためにと、西郷を奄美大島から帰還させ自分に従わせようとしたが、西郷は久光を官位もなく藩主でもないと批判し、久光の不興を買ってしまう。藩命により西郷は沖永良部島に遠島処分となる。収監された座敷牢の再現されたものが沖永良部島に現存するが、当初座敷牢はお粗末なつくりで、恰幅のよい西郷はがりがりにやせてしまったという。後に居住環境が改善され、西郷は島の人々に勉学を教えるなどをして過ごしたが、1863（文久3）年、許されて鹿児島に戻った。島津久光は、薩摩藩の風評が当時たいへん悪かったことに加え、公武合体を推進する実働部隊の人材が手薄なため、人望のある西郷を特赦したのだ。

1864（元治元）年、徳川幕府による第一次長州征伐が行われた際、西郷は征長軍参謀に命じられる。西郷はここで指導力を発揮し、長州征伐の功労者になった。ところが西郷は

西郷隆盛肖像。（国立国会図書館蔵）

第二次長州征伐には参戦しないと明言し、1866（慶応2）年、坂本龍馬の仲介により、薩長同盟の締結に至る。そして1867（慶応3）年、王政復古の大号令と徳川慶喜による大政奉還がなされたが、翌年1月、これを不服とする旧幕府軍が新政府軍と鳥羽・伏見で衝突し、戦闘が始まった。これが戊辰戦争の始まりである。

西郷は戊辰戦争では、東征大総督府下参謀に就任した。下参謀と「下」とついてい

るが、「参謀」は公家が就任するのが習わしだったので、実際の参謀は「下参謀」の西郷であった。新政府軍は江戸に進軍し、1868（慶応4）年3月13日、14日、西郷は勝海舟との会談に応じる。結局4月11日に、江戸無血開城が実現した。その後、幕臣の残党が彰義隊と称し、上野の山で新政府軍に抵抗した際、軍学者大村益次郎の協力で、彰義隊を撃破、次いで奥羽越列藩同盟が抵抗する東北戦争を指揮し、西郷の戊辰戦争は実質的に終了した。

明治になり陸軍大将など要職に就任、明治天皇の覚えもよかったが、1873（明治6）年、征韓論で、盟友大久保利通と意見を異にし、官職を辞して鹿児島へ帰った。1877（明治10）年、鹿児島の私学校の生徒たちに担がれ挙兵し、西南戦争が勃発。結局51歳の人生を自決という形で終わらせている。

最期の言葉が、私学校の門弟別府晋介に語った「もう、ここでよか」だったといわれる。ちなみに西郷隆盛には写真が残っていない。よほどの写真嫌いだったようだ。キヨソネが描いた西郷隆盛像はあまりにも有名であるが、実物とは似ていないという。また上野公園には西郷隆盛が愛犬を連れた高村光雲作の銅像があるが、1898（明治31）年、その除幕式に立ち会った西郷の妻の糸は、銅像の西郷は夫とは全く別人だと言ったという。西郷の実像はどんな感じだったのであろうか。

坂本龍馬と勝海舟が残した西郷隆盛評を以下に記す。

坂本龍馬の西郷隆盛評。

「西郷という人物はわからん男だ。大きくたたけば大きく響く。小さくたたけば小さく響く。馬鹿ならば大馬鹿で、利口ならば大利口だ」

西郷と勝の江戸開城の交渉。（写真：聖徳記念絵画館壁画）

勝海舟の西郷隆盛評。

「その肝の大きさはこの上なかった。見識ぶることもない。知識は自分が上で外国の話などしたが、議論になると大変な相手であった」

「西郷はどうもわからんところがあった。大きな人間というのはそんなもので、小者ならどんなにしたってすぐ腹の中が見えるが、西郷は人物が大きくそんなことはなかった」

いずれも西郷隆盛は想像を超えた大物であるが、大物は何を考えているのかわからないというか、あえて他人には自身を見せないタイプなのだろう。

勝海舟とはどういう人物か

勝海舟は1823（文政6）年に、江戸本所で生まれた。父は小吉といい、御家人であった。父の実家は男谷家であり、「幕末の剣聖」と称された剣客男谷精一郎の出た家で剣豪の家系になる。小吉は長男ではなかったので男谷家から勝家へ養子に出されたのである。海舟の幼名は鱗太郎である。

勝はしゃきしゃきの江戸っ子で、べらんめー調の江戸弁をしゃべり、相当の腕白だったようだ。剣術は男谷家に学び直心影流の免許皆伝、蘭学も学ぶようになり、蘭学書「ドゥーフ・ハルマ」を2冊写し、1冊を販売、もう1冊は手元に置いたという。西洋の兵学にも関心を示した。赤坂の氷川神社近くに私塾を開き、今も赤坂には勝海舟の宅跡という碑が立っている。

1853（嘉永6）年ペリー艦隊が日本に来航。幕府は海防政策の急を思い知らされ、あらゆる階層の臣下から海防に関する提案を求めた。海舟も提出する。その案が時の老中阿部正弘の目に留まり、それが海舟の転機になった。

1855（安政2）年、海舟は幕府の異国応接掛附蘭書翻訳御用という役職を命じられた。

同年7月に長崎の幕府の海軍伝習所に入所。長崎では薩摩藩主島津斉彬にも会見し、人脈を広げていたらしい。

1860（万延元）年、徳川幕府は日米修好通商条約締結のため、遣米使節団を派遣した。このとき乗船した目付が、頭脳明晰な幕府の官僚小栗忠順（上野介）であった。小栗はきわめて忠誠心の高い幕臣で、外国奉行、勘定奉行などを歴任した幕府内で一番の切れ者であった。小栗は日本初の造船所、横須賀造船所を建造している。小栗の最期は、役を解かれ故郷の上州に移り住んでいたところを官軍に捕縛され、有無を言わさず処刑されている。

勝海舟。渡米した際、サンフランシスコで撮影。（写真：勝芳邦所蔵）

遣米使節団が米国船ポーハタン号で渡米したとき、ポーハタン号の護衛艦として渡米したのが咸臨丸である。勝海舟は咸臨丸の艦長として、福澤諭吉も同船して渡米している。後に福澤諭吉は、明治時代になってから、勝海舟と蝦夷共和国総裁の榎本武揚の行動について、その著「瘦我慢の説」の中で徹底的に批判している。

日本に帰国後、海舟は軍艦操練所頭取、軍艦奉行並に就任し、全国の大名と徳川幕府が手を携えて政治を運営する公儀政体論を展開した。また幕府の海軍増強のためにも懸命に動いた。しかし、海舟の理解者で公儀政体論を支持する味方がことごとく失脚し、事はうまく進まず、幕府の要職を罷免されてしまう。

1866（慶応2）年、幕府と長州の間が険悪化したとき、海舟は幕府と長州の停戦交渉を十五代将軍になった徳川慶喜から任された。ところが、慶喜が朝廷から停戦の勅許を引き出したことで、海舟の役割がなくなり幕府中枢に居場所のないまま、軍艦奉行として平凡な日々を暮らすようになった。

ここまでの海舟の人生を振り返ってみると、山と谷、つまりいいときと悪いときの繰り返しである。これは現代のサラリーマン諸氏の人生によく似ている。海舟は身長150センチそこそこと小柄だが、剣術の腕に自信があり喧嘩っ早く、江戸弁でまくし立てただろうから、裏表なく言いたいことを言ったに違いない。周囲とうまくいかないときも多々あったであろう。世渡りは下手だったかもしれないが、才能がそれを大きくカバーした。要は人間、悪いとき、谷を迎えたときにどのように時間を使うか、前向きに生きるかどうかが、次の局面に大切な意味を持つことだけは確かである。腐ってはいけないのだ。

1868（慶応4）年、新政府軍と旧幕府軍が鳥羽・伏見街道で衝突し、戊辰戦争が始まると、幕府で干されていた勝海舟に、最後の老中板倉勝静から、陸軍総裁任用の話が舞い込んできた。徳川幕府とフランス軍との協同で、あくまで徹底抗戦すべしと主張した小栗忠順は、幕府の要職を罷免されている。官軍が駿府城まで達したとき、勝海舟は早期停戦と江戸無血開城を目指し、交渉の労をとる。

ちなみに新選組の局長近藤勇、副長土方歳三は主戦派である。海舟のところに主戦論を説きにきた土方歳三に対し、軍資金を渡して「甲府城を守れ、守った暁には近藤を甲府城主にしてやる」と言い、体よくうるさい人間を江戸から追い払っている。

さて、江戸無血開城を決定づけた実質的に最大の功労者は幕臣の山岡鉄舟であったといわれるが、そのいきさつは後述する。

西郷隆盛との間で見事江戸無血開城を成功させた海舟は、明治期になると、外務枢密院顧問、元老院議官、海軍卿となり、伯爵の爵位も受けている。また旧幕臣の生活の手助け、就労先のあっせん、生活費支援などを行ったという。

賊軍であった徳川慶喜の明治天皇への拝謁を長年希望し、そのための活動を惜しまなかったこともよく知られる。その結果、慶喜は公爵の爵位を与えられ、明治維新から30年以上たった1892（明治39）年、慶喜は皇居に参上し、明治天皇に拝謁がかなった。

海舟の最期がまた海舟らしい。1899（明治32）年、風呂上がりに倒れ、享年77歳で息を引き取った。

最期の言葉は「これでおしまい」。粋というか何というか、芝居の幕引きのようで、格好いい死に方ではあるまいか。

江戸無血開城はいかにして成功したか

西郷隆盛と勝海舟の生涯をざっと見てきた。では江戸無血開城は交渉から成功に至るまでどのような過程をたどったか。第3の人物山岡鉄舟の役割を見てみよう。

江戸という町は周知のとおり、徳川家康が北条攻めの小田原の役の折、豊臣秀吉により転封を命じられ、着任したときは葦が生えているような寂しい村であった。それを家康が街づくりに専心し、その結果、江戸時代中期には江戸を人口100万人の世界有数の都市に発展させた。上下水道をはじめとするインフラが整備され、いくつもの業種、職種が栄え、きわめて清潔な町であったという。

戊辰戦争で江戸が戦場と化し、この発展した都市が一瞬にして焦土と化すかどうかは、その後の明治期の東京の行方を決めたであろう。それゆえに江戸無血開城の成功は大変重要な意味を持っていた。

1868（慶応4）年、西郷隆盛は薩摩軍を中心とする東海道先鋒軍を率いて箱根を占拠した後、いったん静岡に引き返している。静岡市にあった駿府城が江戸城開城の事前交渉の場となった。ここに勝海舟の命を受けて交渉にきたのが幕臣山岡鉄舟である。西郷は山岡に厳しい要求を突きつけている。そもそも西郷は徳川慶喜に極刑を処すと考えていたが、慶喜はすでに恭順の意を表明していた。山岡に交渉役を命じたのは実は慶喜である。高橋泥舟という人物が慶喜に山岡鉄舟を駿府城に行かせ、交渉にあたらせることを進言したのだ。高橋泥舟はもともと山岡家の出身であったが、母の実家の高橋家に養子に出ていた。槍の名手で人格は誠実剛直、慶喜の信任も厚く、その泥舟が実家の義弟鉄舟（鉄舟も養子）を推挙したのである。

山岡鉄舟は1836（天保7）年江戸本所で武士の子として生まれ、武術の才を見込まれ山岡家の養子になった。子供の頃から剣術や槍術、書や禅を学び、講武所の世話役にまでなる。1868（慶応4）年に幕府の精鋭部隊の歩兵の頭格に就任した。身長6尺2寸（188センチ）という巨漢で、豪放磊落という印象を与える。

山岡鉄舟。（写真：福井市立郷土歴史博物館）

明治期には、西郷のたっての頼みで山岡は明治天皇に侍従として仕えるようになる。あるときは明治天皇を相撲で投げ飛ばすほど豪快な人物であった。1888（明治22）年、胃癌に侵されていた山岡は皇居に向かって正座したまま亡くなったといわれる。それほどまで明治天皇を敬慕していたのである。享年53歳。

西郷隆盛の山岡鉄舟評がある。

「金もいらぬ、名誉もいらぬ、命もいらぬ人間は始末に困る。しかしこういう人間でないと天下の偉業は成し遂げられない」

西郷は山岡を私利私欲のまったくない人間であり、こういう無欲の人間が一番優れていると絶賛しているのだ。

さて山岡が慶喜からの命令で事前交渉の使者として、単身、駿府城に西郷を訪ねたのは、3月9日である。勝・西郷の会談の4日前である。

鉄舟は駿府城に向かう道中、大変な難儀を強いられている。密命を帯びた旅である。身分を隠したまま東海道では新政府軍から襲撃を受け、望嶽亭という旅館の主人の協力によって、漁師の格好をして小舟で下り、駿府城に向かっている。西郷・勝会談の成功は、この山岡の命を賭けた事前交渉があったからこそである。

駿府城で山岡は西郷から厳しい朝廷の命令を示される。前述のとおり、西郷自身、徳川慶喜を処刑し、徳川家の領有する400万石を新政府軍の手にと考えていたくらいだ。その要求は次のとおりである。

第1箇条　江戸城を開城せよ。
第2箇条　江戸城内の旗本を隅田川を越えた向島に移すこと。
第3箇条　幕府の兵器を残りなくすべて新政府に差し出すこと。
第4箇条　幕府の軍艦7隻をすべて新政府に引き渡すこと。
第5箇条　徳川慶喜を岡山の備前藩に移すこと。
第6箇条　徳川慶喜の妄挙に組みする者は厳重に取り調べ、謝罪させること。
第7箇条　恭順する者は助ける。しかし暴発する幕臣は新政府軍が鎮圧する。

第5箇条の慶喜の身柄を岡山備前藩に移せという命令の背景には、備前藩主は慶喜の弟であったという事実がある。しかし、お預けというだけではそのあとどんな沙汰が下されるかわからない。山岡はこの第5箇条は譲れないと断固主張した。山岡は西郷に言った。「もし主君斉彬公が同じような要求をされたらあなたはそれを受け入れるのか」と。その言葉に西郷は折れ、徳川慶喜の備前藩でのお預かりはなくなり、身の安全を保証したという。

交渉とは最初は高い希望を提示し、徐々にこちらの希望水準を下げていく。西郷も7箇条すべてを山岡が受け入れるとは考えていなかったのではないか。第5箇条の要求以外は山岡が受け入れたのだから交渉結果には満足だったに違いない。

勝海舟が3月13日、14日の2回にわたり江戸無血開城の交渉にあたったとき、新政府軍の江戸攻撃回避の道筋はすでに決まっていたといわれる。山岡の事前交渉で幕府は西郷の要求を大筋受け入れている。会談には山岡も同席した。

とはいえ、西郷は大総督府から3月15日に江戸を総攻撃せよという命令を受けており、3月11日には池上本門寺に入っている。一触即発の寸前である。山岡の事前交渉による大筋合意の後、西郷と勝の会談で、新政府軍の江戸総攻撃は中止された。江戸市民の財産と命は守られたのだ。勝海舟は新政府軍の江戸総攻撃を回避するため、新政府軍を背後から助けていた英国も巻き込んでいた。これは勝海舟のしたたかな戦略である。もし新政府軍の攻撃で江戸の町が焦土と化した場合、日本との貿易で利益を稼ごうとしていた英国にとっては決してよいことではない。海舟は英国に対し、抑止の役目を期待していたのである。

勝海舟は優れた戦略家であった。新政府軍の江戸総攻撃が起きた際のことを考えて、セカンドベスト策（次善の策）を講じていたといわれる。今でいえばリスクマネジメントをしっかり考慮に入れていたのである。

その作戦というのは、まず江戸の住民100万人を隅田川から船で房総方面（千葉方面）に避難させる。そして新政府軍を江戸に誘い入れ、江戸の町に入ってきたら火をかけ、新政府軍をせん滅するというものである。火薬の用意と運搬は江戸の町火消「を組」の頭、新門辰五郎に依頼していた。勝は新門辰五郎に250両を渡し、280人の作業員を用意させている。また徳川幕府保有の軍艦は、静岡沖にいて、東海道を上ってくる新政府軍に一斉に艦砲射撃を仕掛ける。これにより江戸への武器・弾薬・食料の進入を絶つことができる。もしかすると、この作戦なら幕府軍に勝機が生まれたかもしれない。

リスクマネジメントとは、リスクが発生する前に考えられ得る手立てを打ち、損害を極小化することを指す。リスクはその発生確率の高・低、発生した場合の損害の大・小の2つの点から対応する。江戸城総攻撃は放っておけば必ず発生し、発生した場合の被害は甚大である。このためリスクを回避するか、回避できなくても極力低減させることが必要だったのだ。

もし江戸総攻撃が起こったら、首都が東京にはならなかったかもしれない。また東京が首都になっていたとしても、復興に多大な時間がかかり、文明開化、殖産興業どころではなく、大きく西洋諸国に後れをとっていたはずである。

命を賭けた幕末の英傑の行動が、その後の日本の行方を決定づけたのだ。幕末の英傑のスケールの大きさと志の高さに、改めて人の生き方、リーダーのありようを考えさせられる。

まとめ

- 江戸無血開城は西郷隆盛、勝海舟2人の業績ととらえられることが多いが、実際は山岡鉄舟の功績が大きい。大きなことを成しとげるには、氷山の上に立つ人間だけでなく、氷山の下で裏方として働く山岡のような人物の存在に目を向ける必要がある。
- リスクマネジメントは、リスクによる被害の大小とリスクが起こる可能性の大小から検討すべきである。江戸総攻撃は甚大な損害を伴う。このため勝海舟は万全の態勢で臨んだ。講和という第1の可能性、戦争という第2の可能性、あらゆるシミュレーションをして、万一戦争が生じた場合でもリスクを最小にする最善策を怠りなく準備していた。こうした対応は大いに見習うべきである。
- 勝海舟は、幕臣でありながら、日本の将来を考えて、江戸無血開城の会談に臨んだ。小を捨てて、大をとる。自分の属する幕府のことより日本の将来を優先したということで、人の器がわかる。個人的な立場に固執して、組織全体、社会全体のことを軽んじてはならない。
- 西郷隆盛、勝海舟、山岡鉄舟3人に共通していることは、無欲ということである。無欲であることが一番力を持ち、他を圧する迫力があるということだ。無欲の境地に身をおくことを、我々も人生の節目節目で考えるべきである。

榎本武揚

激動の幕末で磨いた国際感覚を明治新政府で活かす

榎本武揚●えのもと　たけあき　1836（天保6）～1908（明治41）年
幕府直参の家に生まれ、幕末の動乱時にオランダ留学。海軍士官に必要な学問を学んだ。帰国時に乗船していた軍艦が「開陽丸」である。帰国の半年後に戊辰戦争勃発。榎本は幕府海軍を指揮して交戦。幕府降伏に抗して、開陽丸以下旧幕府艦隊を率いて函館戦争を戦う。敗戦後、明治政府から北海道開拓使を命じられ、北海道の発展に尽くす。対露外交にも貢献。

明治維新に抵抗したドン・キホーテ

経営者に必要とされるスキルの一つに「時代の流れを読む力」というものがある。

これからのトレンドを予見していち早く行動に移す。変化のスピードがかつてないほど速い現代では、特に経営者の流行をつかむセンスが会社の行く末を決めるといっても過言ではない。

幕臣の榎本武揚には、そんな時代を読む力があった……といえば、笑われるだろうか。なにしろ、榎本は、明治維新という大変革が迫った幕末において、最後まで明治新政府に抵抗し続けた人物として知られている。新政府を相手にした函館戦争では、榎本は旧幕府軍の最高責任者を務め、敗北を喫した。

時代を先取りしているどころか、まるで先が読めず、旧態依然とした体制を守ろうと、一人で抵抗した。榎本には、そんなドン・キホーテのようなイメージが強い。

だが、榎本は幕末の動乱期に日本にいなかった。オランダ留学から帰国すれば、状況は激変。幕府が窮地に追い込まれるなかで、海軍の責任者として役割を果たさなければならなかったのだ。そんな幕末期を乗り越えて、明治新政府の要職に就くと、榎本は、八面六臂の活躍を行っている。明治初期、政治が混迷するなかで、榎本の働きぶりは「最良の官僚」とさえいわれた。

幕臣から明治新政府の官僚へ――。

「二君に仕えず」が日本では美徳とされるだけに、榎本の生き方に反感を持つ者も少なからずいた。その筆頭格が、明治を代表する教育者、福澤諭吉である。諭吉は、「瘦我慢の説」という著作で、榎本の幕臣としての身の処し方に疑問を呈した。

だが、榎本は福澤に対してさしたる反論も行っていない。黙して語らず。明治新政府における自分の実績を強調することもなかった。それだけに、榎本の優れた国際感覚は広く知られずにいる。

北海道の改革に乗り出し、樺太・千島交換条約の締結にも尽力するなど、榎本の能力は、国内外で大いに発揮された。ビジネスのどの分野においても、世界の市場が意識されている今こそ、榎本が持つ国際感覚から学べることは多い。

黒船がもたらしたグローバリゼーション

榎本は1836（天保7）年、代々幕府に仕えた直参である榎本家の次男として生まれた。

幼少期のことはあまりよくわかっていない。ただ、学問が好きで、近所にいた儒学者、田辺石庵のもとで学んだという。榎本は、菓子などを与えられても、自分はあまり食べず、ほかの子供に分けてやるような子供だった。

榎本は、幕府官吏の登竜門である昌平坂学問所に入学。中国本の本草書などを熱心に学んで、漢学を身につけた。そして、昌平坂学問所で勉学に励みながら、江川太郎左衛門のもとでオランダ語を学び、さらに、同じ屋敷内にいたアメリカ帰りのジョン万次郎の塾にも通った。

そのときに、榎本が万次郎から学んだのは、英語だけではない。アメリカという新しく開かれた世界である。交通機関、航空術など、何もかもが日本とは違う。儒学に打ち込んだ榎本にとって、それがどれほど刺激的だったかは想像に難くない。

そして、運命の年が訪れる。榎本が昌平坂学問所を出た翌年の1853（嘉永6）年、ペリーが黒船に乗って来航。幕府は鎖国体制から開国へと舵を切る。その頃、18歳だった榎本は、時代のうねりを体全体で感じていたに違いない。その後、箱館奉行の従者として、蝦夷地・樺太巡視に随行したことも、榎本に大きな影響を与えることになった。

これから日本は開国する。そのときに、オランダ語を習得し、英語も学んでいる自分の役割とは何だろうか。榎本は自身に問うていたであろう。いったん昌平坂学問所に再入学するが、榎本は、幕府が長崎の海軍伝習所の第二期生を募集していたことを知る。「これだ」という直感にしたがって、応募することを決意。それが1856（安政3）年、21歳のときのことである。

とはいえ、榎本は海軍伝習所にすんなり入れたわけではなかった。高度な教育を求める入所希望者たちの前に、一度は願書を却下されている。それでも昌平坂学問所時代のつてを頼り、なんとか特別入学を果たし、11名いる第二期生に仲間入りすることができた。そこまでしたのは、榎本としても、ここが人生の勝負どころだという意識があったからだろう。

榎本の一つ上の一期生には、勝海舟がいた。榎本の先輩にあたる勝は、ともに幕臣として江戸幕府を支え、後に道を違えることになる。もちろん、このときはまだそんなことは知る由もない。

榎本は、海軍伝習所で機械学や化学の勉学に励みながら、蒸気機関学の実習など、技術者としても経験を積んでいく。オランダ海軍中佐カッテンティーケは、榎本の努力に感心しながら「純真にして、快活なる青年」と評している。

榎本は幕末に突如、吹き荒れたグローバリゼーションの真っ只中に身を置きながら、世界で通用する知識と技術を獲得していったのである。

榎本武揚。（写真：函館市中央図書館）

オランダ留学で国際法を学ぶ

1858（安政5）年、長崎海軍伝習所で2年学ぶと、榎本は江戸に戻ることになる。築地の軍艦操練所の教授に迎えられたからだ。

榎本はこのときから「武揚」と名乗っている。心機一転、新たなスタート。そんな心持ちで

開陽丸（復元）。（写真：開陽丸記念館）

いたのだろう。

榎本の立場も変わったが、社会全体はさらに大きく変化していた。同じく1858（安政5）年に、幕府は日米修交通商条約に調印。反幕勢力を大老の井伊直弼が弾圧し、100人あまりを処罰している。世にいう、「安政の大獄」だが、その2年後には井伊自身が暗殺されてしまう。

政情が不安定極まりないなか、榎本は新しい活躍の場へと進んでいく。幕府のオランダ留学チームの一人として選ばれたのである。もともと幕府はアメリカへ留学させる予定だったが、南北戦争の戦火が激しくなってきたため、アメリカ政府から断られ、オランダへと留学先が変更になった。

留学の目的は、欧米の知識や技術を取り入れて、日本の産業を立て直すこと。榎本の語学力を発揮できる任務であり、大いに張り切っていたことだろう。

だが、オランダへの航海は相当過酷なものだった。いきなり、暴風雨によって難破して、オランダ人の船長と水夫がボートで逃亡。取り残された榎本たちは、長櫃に保管していたかき餅を食べて空腹をしのぎながら、海の上で過ごすことになる。

やがて小船が近づいてきた。オランダ人の通訳が「あれは海賊船だ」というと、榎本はひらりと小舟に乗り移って、日本刀で脅して船を乗っ取ってしまった。大胆な行動力こそが道を拓く。榎本はこのときに、そんな教訓を得たのかもしれない。

その後も無人島に打ち上げられるなどの苦難に逢いながらも、救助船に助けられる。インドネシアやジャカルタを経由し、ようやくオランダに到着したのは、長崎から出航して実に、２１５日が経過していた。

そんな苦労をしてたどり着いたオランダの地で、榎本は、蒸気機関学を始めに海軍士官としての必要な教科を学びながら、国際法の学習にもとりかかっている。そして、帰国後も勉強しようと、『万国海律全書』を日本へ持ち帰っている。このときの行動が後に榎本の人生を拓くのだから、何が功を奏するかわからないものだ。

１８６７（慶応３）年、榎本らはオランダから帰国。帰還時に乗ったのは、幕府がオランダ政府に注文していた軍艦「開陽丸」である。

翌年、榎本は明治新政府に反発し、この開陽丸で幕府艦隊を率いて、蝦夷地へと向かうことになるのだった。

蝦夷の地で総裁に就任する

4年9カ月。榎本が日本を留守にしていた期間である。動乱の幕末において、これだけの年月が経てば、浦島太郎も同然といっていいだろう。

幕府の権威はすっかり失墜しており、榎本が帰国して半年後には、戊辰戦争が勃発。新政府軍との最後の戦いにおいて、榎本は幕府海軍の最高責任者を務めることになる。

戦争の結果はここで詳しく説明するまでもないだろう。幕府軍は新政府軍に敗れ、第十五代将軍の徳川慶喜は総大将でありながら、いち早く逃亡を図っている。戦後の処理は、榎本の先輩、勝海舟の手に委ねられることとなった。

勝が西郷隆盛と交渉し、江戸城の無血開城が決定。江戸の街が戦火に焼かれることはまぬがれた。将軍の慶喜も助命され、水戸へ退去。明治新政府側の条件である、城内での武器の引き渡しは済んだので、あとは軍艦の引き渡しが終われば、交渉は成立となる。軍艦を持っていたのは、榎本である。

榎本は当初、引き渡しに抵抗をみせ、軍艦8隻を率いて品川から館山へと退去。だが、先輩である勝から説得されて、引き渡しに応じている。そのときに、開陽丸を始めとした4隻は、榎本の手元に置いておくことが許された。

いったんは勝の顔を立てた榎本だったが、徳川家の駿河（静岡県）が70万石へ減らされることを知って、新政府へ抵抗することを決意する。

「このままでは、多くの旗本たちが路頭に迷うことになる。幕臣たちを見捨ててはおけない」

そう考えたのだろう。榎本はいつでも自分のためではなく、困っている人間のために行動を起こす男だった。8月19日、榎本は開陽丸以下4隻の軍艦と4隻の運送船とともに品川沖を脱出。新政府軍に反発する勢力が集まる奥州へと向かう。

脱出する際に、あるトラブルが起きた。兵員たちの乗った1隻の舟が浅瀬に乗り上げて、動けなくなってしまったのだ。このときに榎本は、政府に見つかり捕らえられるリスクを背負ってまで、小舟の救助を命じている。

こうしたリーダーの振る舞いを、下から付いていく者たちはよく見ているものだ。決して自分たちを見捨てることのない榎本の姿を、みなが頼もしく思ったことだろう。

榎本たちは仙台で反政府勢力と合流すると、さらに北上して蝦夷地の鷲ノ木沖に上陸。函館府知事を経て朝廷へ提出すべく、こんな嘆願書を使者に託した。

「蝦夷の地はしばらく徳川家へお預け願いたい」

榎本は、もともと旧幕臣を蝦夷地へ移住させ、北方の防備と開拓にあたらせてはどうかと考えていた。以前、朝廷に「蝦夷地殖民認可の嘆願書」を提出したこともあったが、聞き入れてもらえなかった。今回もこの願いは届くことなく、榎本軍と新政府軍による「箱館戦争」の戦いの幕が切って落とされることになった。

榎本が率いる軍は、箱館の五稜郭を占領することに成功。徳川家の者を迎えるまでの間と、榎本は仮の政府を樹立し、選挙を行って、自身が総裁に就任している。

蝦夷地は物資が乏しく財政は苦しかった。そこで榎本は戦争で困っている函館の市民に金や米を与えて感謝されるなど、情の厚い頼れるリーダーとして存在感を発揮した。

しかし、新政府軍が蝦夷地に到着すると、戦況は厳しくなってくる。榎本はたった1隻で8隻に立ち向かうなど健闘するものの、新政府軍による箱館総攻撃の前に降伏を余儀なくされる。

降伏する前、榎本は使者を通じて、新政府軍参謀である黒田清隆にある書物を届けた。オランダで入手し、絶えず手元に置いていた『万国海律全書』である。戦火で燃やされるくらいならば、誰かに役立ててもらいたいと考えたからだ。それに対して、黒田は榎本に酒樽を送っている。榎本は兵士たちに最後の酒をふるまって、ねぎらいを見せた。

もはやここまで。政府への逆賊を生かしておくほど、新政府は甘くない。ここで榎本の人生は終わる……はずだった。

北海道の鉱山を徹底調査

「彼が蝦夷地に行ったのはお国のために尽くそうと思ったからである。もし彼を斬るつもりならば、自分の首をはねてから斬れ！」

榎本の死刑が検討されると、黒田は政府首脳陣にこう詰め寄ったという。

そんな話し合いがされているとも知らず、榎本は獄中で、残された家族を心配する手紙ばかりを出していた。

江別市榎本公園にある榎本武揚の騎馬像。（写真：北海道の暮らし Hokkaido Life）

敵将さえも魅了した榎本。黒田の訴えの甲斐があり、死刑を避けることができた。榎本は、黒田を終生にわたって命の恩人として慕い、今度は新政府のために尽力することを決意する。

新政府から榎本に命じられた役目は、北海道開拓使だ。開拓調査には、鉱物学の知識が必要となる。オランダで十分に勉強していた榎本がまさに適任だった。

榎本は望遠鏡、地図など開拓調査に必要な品々を整えると、北海道に着いてすぐに函館付近の鉱物調査に着手。さらに、石狩、日高、十勝、釧路、根室などの地質や物産も調べ、これまで行き届いていなかった実地の調査に全力を尽くし、石炭層の発見にも成功している。榎本を助命して北海道開拓使に任命した黒田さえも、榎本がここまで活躍するとは、予想していなかったことだろう。

まずは正確に状況を把握し、大局的な観点から、活用法や対策法を練る――。

現代のビジネスにおける課題解決の方法でもあり、榎本の経営者としての資質をうかがわせる。与えられた任務を期待以上にこなす。そんな仕事ぶりをみて、明治新政府は榎本に次なるミッションを与える。

それは、北海道の北にある樺太問題の解決である。樺太が日本かロシアのどちらに帰属するのかについては、たびたび外交問題となっていた。それを解決するには、榎本の国際交渉力が必要不可欠だった。

1874（明治7）年、榎本は、海軍中将に任命されると、ロシア政府と談判するための全権を委任されることになる。榎本は交渉を繰り返して、とりあえずの決着をつけることに成功する。樺太を譲る代わりに、千島諸島を獲得することになった。国内では反発も上がったが、樺太における日本移民がわずかであり、かつ、事業的な基盤もなかったことを考えれば、実利的な選択だったといえるだろう。

榎本に好意を持ったアレキサンダー二世からは、謁見を許される仲になった。知識や語学力を超えた、榎本の人間力が外交の場でも発揮されることとなった。

国際的な観点から日本産業の振興を

樺太問題に決着をつけた榎本だったが、実はもう一つ任務があった。それはロシアの国情調査だ。

外交的な観点から見れば、ロシアがこれから極東に進出してくることは明らかだった。そんな大国ロシアの脅威を恐れる「恐露症」が日本にははびこっていた。

だが、恐怖を感じるのは、相手のことをよく知らないからこそだ。「怖い」と思う相手こそ徹底的に調査をして、実情を把握しなければならない。そのことが、列強対策の第一歩になることを、榎本はよく知っていた。

榎本は、ペテルベルグに滞在中に資料にあたりながら、シベリアの地質や鉱物、地形、気象、人口、文化について調査を進めた。ロシアという国家がどのように経営されているのか。冷静に分析して、シベリアの事情を日本に報告している。

そして自身も毛筆で日記を書くことを欠かさなかった。先に挙げたシベリアの状況だけではなく、気象を毎日細かくチェック。温度は1日3回に分けて測定し、1日の寒暖差まで明らかにした。そのほか軍隊の様子や人種、言語、宗教のことまで、幅広く書き残している。19世紀末のシベリアの実情を描いた『シベリア日記』は、いつでも客観的な数字を求めた榎本らしい滞在記となった。

そうしてロシアで見聞を広げながらも、榎本の頭の中から北海道のことが離れることはなかった。

榎本は北海道のなかでも、石狩は土地が肥えて、水利の便がよいため、将来的には一都府とするべきだと考えていた。一方で、札幌の水難を心配し、ペテルブルグの気候、温度、夜明け日没の時刻などを報告しながら、北海道にも幅広い溝をたくさんつくることを勧めている。

地形や気候だけではなく、榎本は産業にも着目。極細の麻を発見すると、その種を陸軍省に送り、北海道にも移植することを提案している。また、ラッコ、十字狐、ソーポリなどの獣皮を開拓使に送っては、飼育を勧めたりもした。そのほか、ビートルート（ビーツ）の栽培に北海道が適していると報告したこともあれば、沈没船引上げ機械の模型を帰国する官員に託したりしたこともあった。

北海道、そして日本産業全体のことを考えて、役立つものは何でも取り入れて、少しでも国民の利益になるようにと、榎本は常に考えていたのである。

榎本の関心はさらに広く、殖民にまで及んだ。シベリア滞在時には北海道に朝鮮人を移植させることを考えたり、小笠原諸島以南の南洋群島への移民計画を立てたりしたこともあった。1893（明治26）年には植民協会を設立。4年後に最初のメキシコ移民を送っている。

1878（明治11）年、榎本は帰国すると、海軍卿、清国駐在全権公使などに就いた。

1885（明治18）年には内閣制度が発足し、第一次伊藤内閣が誕生。榎本は逓信大臣に就任する。伊藤が退任して、恩人の黒田が内閣総理大臣になると、逓信大臣に加えて、農商務大臣を歴任した。

その後も、榎本は文部大臣や外務大臣を務めたほか、枢密顧問官の栄職について、子爵の位まで授けられている。

さまざまな重要ポストを与えられ、多岐にわたって活動した榎本。いつでも国際的な観点で物事をとらえ、日本の産業振興のために心を砕いた。

インターネットが発達して、もはやボーダーレスとなった現代。もし榎本が生きていれば、どんなプロジェクトを立ち上げただろうか。

参考文献

加茂儀一『榎本武揚』中公文庫、1988年
秋岡伸彦『ドキュメント 榎本武揚―明治の「読売」記事で検証』東京農業大学出版会、2003年
榎本隆充、高成田享編『近代日本の万能人・榎本武揚』藤原書店、2008年

まとめ

- 榎本武揚は信義と忠義を重んじる人である。私利私欲に走る人ではなかった。新政府軍の黒田清隆が、いわば反乱軍の将である榎本を除名嘆願したのは、榎本のそうした人格と見識の高さを知っていたからだ。将は将を知る。後に総理大臣になった黒田の下で、榎本も大臣を務めた。2人の関係に、優れたリーダーの資質が垣間見える。
- 国際感覚を磨くには、ただ語学を学ぶだけではだめで、外国であるその国のことを理解して、初めて可能になる。その国の地質や鉱物、地形、気象、人口、文化について幅広い知識を持っておくことが重要。
- 外交で重要なのは相手国のことをよく知ること。榎本がそうしたように、多角的かつ徹底的に調べ上げたうえで、交渉に臨むこと。
- 海外に滞在中は、その国の産業や商業で自国に活かせるものはないか、常にアンテナを張っておくこと。進取の意識で見れば同じ景色が違って見えてくる。
- グローバルな視点で見ればアイデアは無限に広がる。産業振興に国際感覚は欠かせないが、榎本の場合はそこに無私の精神が加わる。アイデアが人の心に響き、実現に向かうためには、立案者に私欲があってはならないのだ。現代にもよく通じることである。

終章

技術、文化、情報の利用手法を先人から学び、今に活かす

先人の偉人たちを見ていくと、その並外れた発想力と、行動力に驚かされる。しかし決して無謀なことを行っているのではない。直面する状況をよく調べて勝算のある戦略を練っている。背景にある時代の流れや経済の動きをよく捉え、経済の大きなうねりを利用して成長しているのだ。資金の流れだけでなく、人脈を巧みに利用し、各人の技能を見抜いて仕事を依頼している。経営学の基本である「人をうまく使っている」のである。

卓越した技術を持つことも大切であるが、技術に限らず、広告、宣伝などを成功させるために、映画、漫画、アニメ等の文化、芸術、スポーツを活用することも必要だ。よい商品も、世間に認知され多くの人に利用されない限り意味がない。そこに芸能、芸術、スポーツなどを利用することで、その商品を広めることができる。

技術面では、知的財産権を最大限に活用することが重要だ。知的財産権の利用は、企業が開発した技術や新しい発想を一定期間独占することができる。次の一手を打つまでの時間を稼げる。そのために特許権、商標権、意匠権、著作権、著作隣接権等を利用するのだ。具体的な特許の内容は、特許庁のホームページを検索することで誰でも見ることができる。大事なことは、それらを実際に使うノウハウとその指示を出せる経営者が存在することである。

偉人、先人に共通していることは、常識を疑う、人のやらないことをやる、あきらめない、人をうまく使う、技術・ノウハウを大切にする、現場を見て現場の意見も尊重する、地域・国の文化、芸術、風習を大切にし、受け入れられるものを探す、広告宣伝がうまい、などである。

先人の教えを探るヒントとなる具体的事例をいくつか見ていきたい。

知的財産権による断トツ技術をもつ企業

普段から見ていて当たり前になり、何も感じないことでも、よく考えてみるとすごいことがたくさんある。その背景には必ず優れた技術やノウハウが存在する。筆者が過去に見学したり、映像を見せってもらったりして感動したものを紹介したい。

経営者は、これらの断トツ技術・ノウハウを、技術者につくらせ、知的財産権を扱う専門家に守らせれば、そこから多大な収益を得ることができる。また、クロスライセンスをすることで他社の知的財産権の利用コストを抑えることができる。

地下トンネルの掘削技術

有名なトンネル工事として、イギリスとフランスを地下で繋ぐユーロトンネルや、日本の東京湾アクアライン、首都高大橋ジャンクション等の大規模な土木建設工事が多々存在する（ユーロトンネルは川崎重工業が一部受注、１９９４年開通）。現在も東京の地下で地下鉄や首都高速のトンネル工事があちこちで進んでいる。アジアとヨーロッパ間のボスポラス海峡を地下で結ぶユーラシアトンネルでも日本の技術が使われた（大成建設などが受注、２０１６年開通）。

これらのトンネルは、主にトンネルボーリングマシン（ＴＢＭ工法）による在来工法であるが、難工事はＴＢＭ工法も可能なシールドマシン（シールド工法）で掘られている。これらの大規模工事には、両サイドから掘り進めて、ミリ単位で両者を一致させる技術が必要である。特に、日本では地震の頻度が高く、その規模も大きいのでそれでも壊れない耐震性、耐久性が要求される。日本の大手ゼネコンなどは、これらの工事を完成させる技術（知的財産権）とノウハウを保有している。日本には、その難工事を大都市の機能を維持しながら、深夜や休日の限られた時間で完工させる能力があるのだ。

新幹線の運行と無事故のノウハウ

筆者が銀行員時代にＪＲ担当をしていた頃、東海道新幹線を集中制御する場所を見学させてもらった。時速２００キロ以上の高速で走る鉄道を、秒単位のスケジュールで安全に運行させた。開業以来運行上の事故は起きていない。ものすごいノウハウである。大量の人員を効率よく使い、無事故の継続意識を共有し、実際にそれを続けることができている。これは他に類を見ない組織力と人材の使い方である。高速道路の管理でも同様のことがいえる。

工場が無人で稼働するシステム

トヨタの生産ラインは、無駄を省いていることで有名である。ジャストインタイム、カンバン方式、平準化、ポカヨケ、自働化、改善などは日本語のまま英語となっているくらい有名である。その背景に、ファナックの工作機械などの数値制御、ＳＭＣの空気圧を用いた制御システム、キーエンスのセンサーなど、日本が圧倒的なシェアを誇る断トツ製品群が使われている。トヨタは多くの企業の有力製品を活用することで、世界に通用する製品を供給しているのである。トヨタは、これらの最新鋭の技術をカタログ通りに使うのでなく、一工夫して無駄なく使うことを実践している。ここにも成功企業の秘密が隠されている。

「技術立国」日本を支える企業

日本には、世界シェアが5割を超える、生産活動に欠かせない製品を提供する優良企業がたくさん存在する。四季報などの株式情報誌をみると、簡潔に世界シェア何％と書かれている企業が多数見つかる。一時的な動きに惑わされずに、長期的に必要なものを生産している企業を容易に探すことができる。これらの企業は、世界シェアが高く、必ず必要なものを生産しているため、長期的に成長を続けられる。ただし、後述する情報の取得の遅れや、技術革新の転換期には弱い面があることにも注意する。

具体的には、以下のような企業がある。

・**島精機製作所**　自動化技術に優れ、電子制御の横編み機の世界首位。

・**津田駒工業**　繊維機械の総合首位企業。ジェットルームは世界首位。

・**日特エンジニアリング**　コイル用自動巻線機最大手で世界シェア40%超。
・**アイダエンジニアリング**　サーボ駆動式プレス機に強く、自動車関連では首位。
・**ツバキナカシマ**　ベアリング用の精密鋼球・ローラーで世界シェア首位。
・**堀場製作所**　分析機器大手、エンジン計測器で世界市場8割占有。
・**シスメックス**　血球計測、尿検査の検体検査機器・試薬で世界シェアトップ。
・**日本電子**　電子顕微鏡で世界首位。ニコンの関連会社。
・**日東電工**　偏光板の世界最大手、ニッチ商品でシェア首位多数。
・**浜松ホトニクス**　光電子倍増管で世界シェア90%、レーザー核融合に成功。
・**信越化学**　塩化ビニル樹脂、半導体シリコンウエハで世界首位。

まだまだ、たくさんあるが、これら企業の成長過程を調べると、先人の偉大さに気づかされる。

文化、芸術、スポーツの利用を拡大

大学の経営学部には、映画論、演劇論、心理学、文化人類学、アニメ、漫画等の直接経営とは異なる分野の授業がたくさんある。「人を使う」には、人の心を捉える必要があるからだ。

誰でも、映画や演劇で感動したことがあると思う。映画や演劇での感動はたった1、2時間の上映時間の間で起こる。人の心を動かすのにそれほど時間はいらない。人の心を動かすための手法、手段を理解していればよいのである。そのためには、人の心理を学び、なぜその商品・サービスに心が引かれるのか、心が動かされるのかの基礎を学び、その応用を考える必要がある。心理と行動、その背景に何があるのか。対象の人たちの住む地域の文化、芸術、スポーツ等を学び、その行動特性や考え方を知る必要がある。それを知ることで、ビジネスにつながる手法や手段が思い浮かんでくるのだ。

そのために少し遠回りになるかもしれないことを広く学ぶ必要がある。しかし、これを一人で行う必要はまったくない。人とのつながりを重視して、チームを組んで行動すればよいのである。

以下に代表的な事例を紹介したい。

事例1　消費者のニーズを知る

日本に進出し成長できずに低迷していたP＆Gが業績を一気に回復させた。いったい何があったのか。各国、地域ごとに髪の性質が異なることに気がついたのだ。消費者が必要とするものを消費者が教えてくれることに気がついた、それがV字回復の要因である。

企業の都合で製品を作るのではなく、それぞれの地域に住む住民が必要とする商品を提供するというビジネスの基本に気づいたことが重要である。地域によって湿度や気温が異なる。人種や行動スタイルも異なる。商品がシャンプーならそれを溶かす水の性質（硬水、軟水等）、温度、使い方、量等、そのことにより必要とする商品・サービスが異なるのである。季節や時間によっても需要は異なる。その当たり前なことに気がつくことによって、売上を向上させる施策が見えてくるのだ。大事な点は、そのことに気がつかないでいることを自覚すること。自覚することで、経営者は商品開発チームに具体的な指示ができ、消費者の需要に合った商品開発ができるようになる。

事例2　顧客の行動パターンを理解する

コマツといえば建設機械メーカーのトップ企業であるが、そのV字回復の過程は特に有名である。コマツは何をしたのか。

「スマートコンストラクション」という、建設生産プロセスで起きるあらゆるもののデータをICT（情報通信技術）で有機的につなぐことで、現場のすべてを「見える化」して、将来の現場ニーズを予測し、解決策を提供する仕組みを導入したのである。

販売した建設機器にあらかじめ詳細な稼働状況を送信する機器を取りつけ、その稼働状況、移動、燃料消費などの情報を得るようにしたのだ。また、遠隔操作での自動操作も可能にした。稼働状況を把握することで、部品の供給体制を無駄なく構築でき、全世界の工作機器の需要を精緻に予想できる。支払いが遅延した場合は遠隔操作で動かなくすることもできる。無人で危険な作業を行わせる自動運転の機能も備えた。これで需要変動の激しい工作機械の需要を予測できるようになり、計画的な生産と部品交換が可能となり、経営効率が上がったのである。

事例3　業績不信の原因分析と大胆な改革

コマツは、1990年代にも、子会社の改革に成功している。コマツは、いまでは建設機械の急速な伸びで、売り上げ高で描かれたが、かつては大型プレス機などの産業機械が中心であった。その産業機械の中小型プレス機を生産する子会社（コマツ産機）を1994年に設立し、黒字化した。このプロセスも経営改善事例として参考になる。

大型プレス機は自動車メーカーが主たる顧客である。設備投資には周期があるが、その予想はきわめて難しい。メーカーの新型車生産の移行時期には大量の受注があるが、受注の繁閑の差が大きいのである。そこで需要の平準化を図りながら、合理化を進めて、リストラも行ったが、業績はどうにも回復しない。中小型プレス機のトップ企業は、アイダエンジニアリングであり、板金機械のライバルはアマダであるが、この両社は確実に収益を上げているのに、なぜか？

コマツ産機の業績不振は、内部に問題があったのである。客観的な事実を捉え、自社を分析することで、改革案が策定され2年期限で実行に移された。

まず、不振原因を徹底的に分析した。

開発部門では、①ユーザーメリットのない思い込み製品の開発、②開発期間の長期化、③開発費にムダが見つかった。営業部門では、①開発部門と情報の共有化がないこと、②ライバル企業に負けているという認識がないこと、③営業力が弱いという問題が発見された。また組織が複雑化しており、責任の所在が明確になっていなかった。

こうした問題を各部門が率直に反省し、経営陣に詳しく報告し、新しいビジネスプランを作成したのである。その柱は、ビジネス戦略立案、業務プロセス改革、そして、行動マインドの醸成であり、核になるのが実行に移すための人事である。

主な戦略は、コマツ産機が強い部門で、勝ち戦をすること。生産を競争力のある商品に絞り、その部門に資源を集中することにした。目標を簡素化し、PPM*(プロダクト・ポートフォリオ・マップ)などの経営戦略手法を駆使して改革が行われた。業務プロセス改革では、開発、生産、販売の一気通貫を実現し、組織を事業部制にして、事業部長に過去を引きずらない改革意識の高い若手を起用し、権限を委譲して責任を持たせた。心理面でも注意を払い、シンプルな目標により価値観に共通性を持たせることに成功した。所詮負け戦だからと、あきらめないことが肝心である。

個人情報の利用を拡大

今は個人情報の利用が飛躍的に進んでいる。膨大な個人情報を、米国の大企業(グーグル、アップル、アマゾン、フェイスブック、マイクロソフト、セールスフォースなど)がほぼ独占

＊PPMとは経営資源を最適に配分することを、目的としたマネジメント手法。

している。近年、これらの企業の株価時価総額は常にランキングの最上位を占めている。日本では、個人情報はヤフージャパン、楽天または通信会社（ドコモ、AU、ソフトバンク）などの大企業が保有しているが、日本企業はこの分野で後れを取っている。技術・ノウハウでは圧倒的な能力を持ちながら、個人情報の活用面では遅れてしまっているのである。一般個人は、各社の提供するサービスを利用することで知らず知らずのうちに、これらの企業に詳細な個人情報を提供している。情報収集からその利用まで、大まかな仕組みは以下の通りである。

まず、サービスを受けるうえで必要な、住所、氏名、年齢、性別、所得、勤務先等のデータを示すことで、サービスを受けられるようになる。続いて、そのサービスを受ける過程で、自分がいる場所、普段見ている興味を持っているサイト、購入履歴などがサービス提供会社に伝わる。そのデータから個人特有の嗜好、趣味をはじめ何を求めているのか（商品、サービス、資格、価格など）を推測するのである。人の行動特性の分析は、人工知能（AI）が自動で行う。人工知能に、上記の膨大なデータを与えるだけで、低コストで自動的にそのデータから個人特性を結果として導き出すのである。

代表的な事例を次に紹介したい。

事例1　タクシーでの乗車予測

電話会社の過去の位置情報とタクシー会社の乗車記録を分析することで、どこに乗車する顧客がいるのかを予測する。

事例2　医療現場での病気診断

ＡＩは、胃カメラの映像やＣＴ映像からかなりの確率で早期がんを発見してくれる。些細な異常もＡＩは見逃さない。癌などの異常部分を知らせてくるし、さらに病歴などの情報を追加すれば、生存率などの生損保で活用できる情報入手も可能である。

事例3　新薬開発・発見

新薬の発見にも役立っている。過去の膨大な量の医療データや学術論文をＡＩに読み込ませることで、今まで気がつかなかった薬が発見できるのだ。例えば、癌に効果がある薬を過去の論文から見つけ出す。今まで気がつかなかった新たな薬効を膨大な個人の病歴データと比較させることでその関係を見出すことが可能になる。遺伝子（分子）標的治療薬や免疫チェックポイント阻害薬などの新たな発見が続いているのである。

事例4　個人へのターゲット広告

個人の趣味嗜好を分析することで、まさに今必要としている情報を広告と合わせて提示し、広告主に結びつける。興味を持っている者への直接的な広告は、期待以上の効果があり、その実効性のすごさは各社が実感している。

事例5　顧客の将来の予想

個人の時系列データ、移動データを解析することで、将来の予想ができるようになり、行動パターン、予防措置を見通せる。予想、予防できるということは、大きなリスクを回避し、利益獲得につながる。例えば、ネット購入者の洋服や靴のサイズを正確に測定し、そのデータを収集することに成功したとすると、これは、年齢、性別、嗜好、趣味と組み合わせることで、ものすごい将来性のあるデータになる。統計学の応用として、一定量のサンプルデータを獲得すると統計的に有意な将来予想ができるようになるのだ。個人情報の応用を考えて、得意分野を持つ企業と提携することで、いっそうの成長が期待できる成長中の企業も存在するのである。

事例6　シェアリングエコノミー

シェアリングエコノミーとは、個人が保有する自動車、住宅、家具、洋服、道具などを第三者に貸し出すサービスである。単なる仲介サービスだが、スマートフォンを使って必要なときに、必要なものを、相対的に安価で提供することが可能となる。米国では、商品の売上げ動向に大きな影響をすでに与えている。具体的には、エアービーアンドビーの民泊仲介、ウーバーやリフトの自家用車による配車サービス、エニタイムズの家事代行の仲介などがある。米国では直接影響を受ける通販、スーパーやタクシー会社がすでに倒産している。この分野は非常に新規参入コストが低く、参入企業は玉石混交だが、応用範囲が広く、現在の企業経営に大きな影響が出る。経営者の能力次第で、成功と失敗の結果がすぐに出てしまうのである。

技術革新による転換期を利用

個人情報でもわかるように技術革新の転換期には、大きなチャンスがある代わりに、乗り遅れると企業は衰退に向かってしまう。そんな新しい技術を挙げてみよう。

人工知能

人間の脳を模倣した人工知能（ＡＩ）の技術が進み、すでに実用化の段階に入っている。具体的には、シカゴ（米国）では、犯罪予測に、過去の犯罪データとネット検索情報、交友関係などの住民の個人情報をＡＩに分析させることにより、将来の犯罪予測を行っている。毎日２件の殺人事件が起きている都市で、大きな成果を上げている。中国の上海では、交通違反などの比較的軽い犯罪者の摘発にも顔認証が用いられ、成果を上げている。倫理的な問題はさておき、結果を出せるため、実用化が進んでいるのだ。

IoT (Internet of Things)

すべてのものがインターネットで繋げられ、生活に役立つ時代になってきた。グーグルやアマゾンが音声でブルートゥース機器を作動させる安価な装置を売り出している。エアコン、照明、音楽などの操作が簡単にできるだけでなく、手軽な話し相手にもなってくれる。当然こちらの動きもサービス提供企業に伝わっていることを忘れてはならない。飲食店では、メニューの代わりにテーブルのＱＲコードをスマホに読み込ませ、スマホ操作で注文を受け、決済ができる。人手が省けるだけでなく、メニューの変更やレジ機能を簡素化できる。タクシーもスマホで呼べる。そして、それらの情報が個人データとともに蓄積されていく。このデータは、ＡＩによりさらに分析され、次なるビジネスが生まれるのである。

5G

電話回線の５Ｇが実現されると、私的利用だけではなく工場棟の精密な動作が必要な製造現場でも無線による工作機器の制御が可能になる。これは、製造現場を一変させることになる。現在でも省力化・無人化が進んでいる製造現場がさらに効率化される。生産効率が上がることは望ましいことだが、同時に雇用が失われることにもなる。新たな分野で雇用が発生すればよいが、雇用の減少は、将来の消費の減退を意味するので注意を要する。

明日にも起こる技術革新にも着目したい。

量子コンピュータの出現

現在のコンピュータの理論的には１０００万倍も早いといわれる量子コンピュータが実用化しつつある。現在のコンピュータは、スイッチを切るか入れるかの0と1の世界であるが、量子コンピュータは、極小の量子の世界の特異な現象を使い、0と1が混在する状態をつくり上げることができる（量子ビット）。この量子ビットを利用することで、圧倒的なスピードを実現する。先に挙げた、個人情報、企業情報のビッグデータや複雑な計算が必要な気象分析、宇宙工学にこの量子コンピュータを使うことで、飛躍的に研究が進展する可能性がある。

核融合の実用化

核融合とは、太陽が輝いている現象で、軽い元素の水素が重い元素へリウムに移行するときに莫大なエネルギーが発生する。核融合反応といい（水爆も同じ原理を利用）、核分裂反応の逆の現象だ。原料に重水素が必要だが、海に無尽蔵に存在する。核融合発電を実現するためには、連鎖的核融合反応を持続させるために、高温、高圧を発生させる必要があり、その制御技術が大きな課題になっていた。しかし、この分野でも技術革新が進み、火力発電の数百万倍、原子力発電の3倍以上のエネルギーを生成する日も近い。核融合発電が実現すると、現在の石油・石炭の化石燃料を使う経済社会が崩壊し、次の時代に移り変わる。これは、経営者からすると大きなチャンスであり、脅威である。

再生可能エネルギー

太陽光発電、潮力発電、風力発電などの再生可能エネルギーは、不安定で、自然任せの部分があり使いにくい。しかし、蓄電池のリチウムイオン電池や、原料が無尽蔵に存在し、リサイクルができるマグネシウム電池の技術革新が進めば、こちらも化石燃料に大きな影響を与える。

技術次第で、いつの時代にも起こり得るのである。

すでに実績の上がっているAI、IoT、5Gのほかにも、核融合炉、量子コンピュータや宇宙関連技術や軍事関連技術の民生利用可能な技術の実用化も近い。新たな技術は、新たな企業を創造し、仕事（雇用）を生む。ウインドウズ、スマホが登場した前回の技術革新期には、個人情報を利用する企業を創業できずに日本企業は出遅れてしまった。今回は、得意とする製造分野での優位性を発揮できる企業が日本に登場することを期待したい。また、そのチャンスを活かすためにベンチャー企業を起こさなければならないし、その支援が必要である。

ベンチャー企業への投資の拡大

次世代の成長分野への投資は、日本企業は苦手である。合議制で、なかなか意見がまとまらずリスクを伴う分野への投資が遅れているのだ。そこで、大企業は、成長分野への参入を促進するため、新興のベンチャー企業との提携を積極的に行うようになってきている。また、機動的に動けるように企業の一部を分社化し、成長分野に資源を投入したりする動きが活発化している。これは、大企業が、既存事業に閉塞感を感じているためである。米国では、コングロマリット*型企業から分社化した会社の株価が、成長分野への特化ということで期待され、将来を

＊コングロマリットとは多岐に業種が集まった複合企業体。

買う形で上昇している。

すでに述べたとおり、アマゾン、フェイスブック、グーグル、アップルといった企業が個人、法人の情報をすでに取得し、米国は圧倒的に優位に立っている。ＡＩの発達により、情報解析のコストを劇的に低減させているため、これらの情報を利益につなげる手法を持つ企業は、成長が期待できるのである。

身近な具体的な事例を考えてみよう。

働き方改革で、人の募集、使い方が業績に大きな差が出る環境になってきた。例えば、レンタカー会社は、常識で考えると成長企業には見えないが、沖縄や千歳では、飛行機が到着するたびに顧客が殺到する。しかし、ＩＴ化が遅れており、手続きに時間がかかる。改善が必要だがどこも実行できていない。これを、過去の顧客を分析し、優良である顧客、事前に保険の免責手続き（約１７００円）をすませている顧客は、カーシェアリングのように携帯電話をかざすだけで、レンタカーを借りられるシステムを導入すれば、手続きに必要な人件費等の管理コストを削減できるし、それだけでなく、保険収入の増加により、利益向上につながると予想できる。誰でも気がつきそうで、ローテクなのに実現しない。個人情報の解析と利用運用できる安価なシステムで大きな収益を上げられる可能性があるのに、誰も行動を起こさない。

これは、組織内の変革を嫌う風習や抵抗勢力の存在に組織が対応できないからである。

同様に、短い細切れ時間を利用する仕組みや、潜在的な有資格者や経験者を優遇する雇用システムもなかなか機能しない。誰もが思いつく、簡単なことさえ実現していないのである。資格制度は、その資格制度があることで行政サイドの負担を民間に移行させ、行政コストを抑えている。しかし一方で、そこに利権が生まれている。こういった分野も、経済発展の障害になることが多い。法律が成長の障壁になってしまうのである。

ふるさと納税が盛んだが、ふるさと納税の行動分析をすることで、返礼品を工夫するビジネスや、寄付を誘導するビジネスが可能である。返礼品もモノではなく、形のないサービスを提供すれば、地域性が出る。個人情報の解析で、きっと解答が見つかる。いずれも、簡単ですぐに結果を出せる。従来の大企業の意思決定では、対応が遅れ、改善が難しい。ベンチャー企業との連携や分社化により、意思決定が迅速化され、すぐ実行できる仕組みになれば成果が上がる。そのようなことに気がついている経営者がいる企業は、成長することができるのだ。

先人の教えは、景気が低迷したとき、将来展望が見えないときに非常に役立つのである。先人、偉人に学び、経営者は、時代の流れをつかみ、社会の変化に対応したくない抵抗勢力を説得し、次の世界へ誘導しなければならない。地域の文化を尊重しながら、新しい時代を切り開かねばならない。バランス感覚も大切であるが、周りに合わせすぎていると、決断が遅れてしまう。全体像を見抜き、改革を実現する能力が必要となる。その秘訣が、過去の先人の活躍する事例に数多く存在するのである。

[著者]
岩井 善弘（いわい よしひろ）
産業能率大学経営学部教授。早稲田大学政治経済学部卒。日本債券信用銀行（現・あおぞら銀行）で15年間の産業調査業務に従事。これまで鳥取大学大学院客員教授、早稲田大学理工学部非常勤講師、明治大学経営学部非常勤講師などを歴任。2005年より現職。2020年から学長補佐。著書に『バリューイノベーション』（共著）（産業能率大学出版部）、『MOTの新展開』（共著）（産業能率大学出版部）など。

齊藤 聡（さいとう さとし）
産業能率大学経営学部教授。慶應義塾大学経済学部卒。東京大学大学院法学政治学研究科、名城大学法学研究科、名古屋学院大学経済経営研究科修了。証券アナリスト。税理士。東海銀行（現・三菱UFJ銀行）で20年間の銀行業務に従事した後、2002年より現職。2016年から学長補佐。著書に『個人情報ハンドブック』（アポロ出版社）、『社会人のための法律入門』、『ビジネス倫理』、『成功への設計図 超起業読本』、『大激変の時代 現代企業にみる日本経済』（以上、産業能率大学出版部）など。

[執筆協力]
真山 知幸（まやま ともゆき）
担当：「3 吉本せい」「4 広岡浅子」「9 真藤 恒」「10 堀内平八郎と畫馬輝夫」「16 榎本武揚」

[編集・本文デザイン]　株式会社桂樹社グループ

先人たちに学ぶマネジメント
――戦国武将から近現代の企業家まで――

2021年1月20日　初版第1刷発行　〈検印省略〉

定価はカバーに
表示しています

著　者　岩井善弘
　　　　齊藤聡
発行者　杉田啓三
印刷者　森元勝夫

発行所　株式会社　ミネルヴァ書房
607-8494　京都市山科区日ノ岡堤谷町1
電話代表（075）581-5191
振替口座　01020-0-8076

モリモト印刷

ISBN978-4-623-09026-6

Printed in Japan